Les meilleures recettes pour
votre cœur

PAUL GAYLER JACQUI LYNAS B. Sc., RD

Gastronomie santé *pour votre cœur*

Traduction de : Dominique Chauveau

Photographie : Peter Cassidy

Guy Saint-Jean
ÉDITEUR

À Anita et sa famille.

À mon époux, le Dr Jonathan Morrell, pour son amour, ses encouragements et son aide, et à mes chers enfants Lottie, Sam et Tom pour leur patience infinie – avec tout mon amour et mes remerciements. J.L.

Des remerciements particuliers aux personnes suivantes ; sans elles, la publication de cet ouvrage n'aurait pas été possible : Linda Tubby pour son style inspiré et Pete Cassidy pour les photos magnifiques. Penny Markham pour son soutien, Lara King pour avoir accepté de saisir les recettes avec tant de patience et de gentillesse, et Carl Hodson pour la conception. Je tiens aussi à remercier Kyle et Muna Reyal, chargée de projet, pour son support, sa grande disponibilité à mon égard, son écoute et, plus que tout, son encouragement. P.G.

Note importante

Les informations et les conseils de ce livre sont un guide général pour une alimentation saine et ne sont pas spécifiques à chaque individu ou à des circonstances en particulier. Cet ouvrage ne remplace en aucun cas un traitement médical prescrit par un praticien qualifié. Ni les auteurs ni l'éditeur ne peuvent être tenus responsables de plaintes découlant d'un usage inapproprié de tout régime alimentaire. Si vous souffrez d'une affection grave ou chronique, ne vous lancez pas dans un autodiagnostic ou un autotraitement sans avoir, au préalable, consulté un professionnel de la santé ou un praticien qualifié.

Avant-propos

Cet ouvrage, qui s'adresse spécifiquement aux gens souffrant de maladies cardiaques (cardiopathies) ainsi qu'à leur famille, a pour but de permettre à tous de se régaler tout en veillant à la santé de leur cœur.

Nombreux sont ceux qui souffrent d'hypercholestérolémie familiale (dont les taux élevés de cholestérol sont héréditaires). Ces gens doivent surveiller particulièrement leur alimentation. La plupart devront suivre une thérapie médicamenteuse toute leur vie. Mais grâce aux conseils et aux recettes de ce livre, ils se rendront compte qu'une alimentation saine ne veut pas nécessairement dire aliments fades et ennuyeux, au contraire !

Bien que, dans plusieurs cas d'hypercholestérolémie, une alimentation stricte jumelée à une thérapie médicamenteuse soient essentielles, dans des millions d'autres, des personnes atteintes d'une prédisposition à une cholestérolémie élevée peuvent la contrôler simplement avec une alimentation adéquate. Quel que soit le cas, il n'y a que des bénéfices à retirer d'une saine alimentation et c'est le but premier du présent ouvrage. Ses recettes succulentes vous permettent de tirer profit des toutes dernières découvertes en alimentation et de vous gâter, vous, ainsi que les membres de votre famille.

Gastronomie santé pour votre cœur offre de nombreux conseils pour aider à réduire les risques de cardiopathies dans votre famille tout en préparant des repas attrayants et délicieux.

Des pages de délices regorgeant de ce qu'il y a de mieux pour votre santé et des plus agréables pour votre palais !

Amusez-vous et découvrez le plaisir d'une alimentation saine.

Introduction

Les maladies cardiovasculaires sont la première cause de mortalité au monde avec quelque 12 millions de décès par année, un nombre qui ne cesse d'augmenter. Le terme maladies cardiovasculaires n'inclut pas seulement les maladies coronariennes, mais aussi les accidents vasculaires cérébraux et toutes les autres maladies reliées au cœur ou à la circulation sanguine. Ces maladies, qui font une victime toutes les trois minutes environ, affectent aussi bien les hommes que les femmes et sont responsables d'un décès sur quatre chez les hommes et de un sur six chez les femmes. Elles tuent trois fois plus de femmes que les cancers du sein, des ovaires et de l'utérus réunis.

Les effets à long terme

Ces statistiques alarmantes ne sont que la pointe de l'iceberg. Les problèmes cardiaques sont la principale cause de maladies pouvant être affaiblissantes, affectant de façon significative la qualité de vie des gens qui en sont atteints. Même pour ceux qui ont la chance de survivre à une crise cardiaque, la vie ne sera plus jamais pareille.

Les maladies cardiaques ont pris des allures d'épidémies mortelles communes et nous connaissons tous quelqu'un – un membre de la famille, un ami, un collègue – qui a été frappé par cette affection. La tragédie est encore plus grave lorsque les maladies cardiaques et les crises cardiaques sont prématurées, privant les victimes d'une qualité de vie saine ou diminuant leur espérance de vie.

Changer de vie

Il existe cependant un certain réconfort : il est possible d'éviter et de prévenir les maladies cardiaques. La plupart des facteurs de risque peuvent être réduits en adoptant un mode de vie sain. Cela signifie essentiellement de ne pas fumer, de faire beaucoup d'activité physique, de maintenir un poids santé et de choisir une alimentation saine. Même si vous souffrez déjà d'une affection cardiaque, il n'est jamais trop tard pour apporter des changements. En outre, l'apparition de symptômes est un moment idéal pour réévaluer votre mode de vie.

Les aliments cardioprotecteurs

En ce qui concerne les maladies cardiaques, une alimentation saine peut avoir une influence positive sur la majorité des facteurs de risque, incluant les taux de cholestérol, la pression sanguine, la masse corporelle et le diabète. On impute à une mauvaise alimentation 30 % du taux de décès reliés aux maladies cardiaques. En se basant aussi bien sur les recherches scientifiques que sur l'opinion publique, les experts en nutrition ont identifié des stratégies à facettes multiples et interreliées en vue d'une alimentation saine pour le cœur. Les dernières découvertes soulignent les bénéfices globaux d'une alimentation variée qui, tout en étant pauvre en lipides, assure un bon équilibre des différents gras, est riche en légumes et faible en sel. Cependant, les effets de l'alimentation sont très complexes et, malgré les quelques progrès remarquables accomplis ces dernières années, il reste encore beaucoup à faire.

Il en découle que, pour tenter de nous protéger des maladies cardiaques, nous devrions adopter des habitudes alimentaires semblables à celles des pays méditerranéens et asiatiques. La clé d'une bonne protection cardiaque est la consommation d'aliments frais : beaucoup de fruits, de légumes et de salades, du poisson, des céréales complètes, des haricots, des noix et des graines, ainsi que des quantités raisonnables de viande maigre et de produits laitiers à faible teneur en gras. Ces recommandations diététiques font partie d'un ensemble de mesures qui aident les gens à apprécier une alimentation saine pour prévenir le cancer, le diabète et l'obésité.

Les cardiopathies

Les maladies cardiaques, ou plus spécifiquement les maladies coronariennes, sont provoquées par le durcissement ou le rétrécissement des artères. Ces vaisseaux sanguins fournissent le carburant et l'oxygène au muscle cardiaque, lui permettant d'envoyer du sang dans tous les organes. Le vieillissement, une mauvaise alimentation et un mode de vie malsain entraînent la formation de dépôts graisseux, chargés de cholestérol, sur les parois internes lisses des artères, un processus qui peut commencer dès la petite enfance.

L'angine de poitrine

L'angine de poitrine est souvent le premier signe d'une maladie cardiaque qui se traduit par une douleur dans la poitrine, mais qui se situe parfois au niveau des épaules, des bras, de la gorge ou des mâchoires. Les artères coronaires rétrécies diminuent le rythme auquel le sang alimente le muscle cardiaque. La douleur est habituellement vive ou semblable à un serrement et dure moins de dix minutes. Les crises d'angine surviennent généralement lors d'activités vigoureuses, qui accroissent le rythme cardiaque et augmentent les besoins du cœur en énergie et en oxygène. L'inconfort d'une angine de poitrine se remarque plus facilement par temps froid et venteux, après avoir pris un repas copieux ou en périodes d'émotions ou de stress intenses. Le repos, la détente et, pour certains, une médication appropriée apportent habituellement un soulagement dans les minutes qui suivent. La situation se complique lorsque les crises d'angine surviennent au repos ou lors d'activités demandant un minimum d'effort ou lorsque leur fréquence et leur gravité augmentent.

Les crises cardiaques

Une crise cardiaque survient subitement lorsqu'un caillot sanguin se forme dans une artère coronaire rétrécie, bloquant complètement la circulation sanguine, entraînant alors la mort d'une partie du muscle cardiaque. La douleur est généralement intense et écrasante durant plus de quinze minutes, sans que le repos ne puisse y apporter de soulagement. La gravité dépend de l'endroit et de la grosseur de l'artère qui est atteinte et de la région du muscle cardiaque qui est touchée. Lorsqu'une petite région seulement est impliquée, il y a de bonnes chances pour que la rémission soit complète. Cependant, s'il s'agit de régions plus importantes, la crise cardiaque peut se révéler fatale ou la rémission être incomplète, car le muscle cardiaque perd de sa puissance et de sa force. Il arrive parfois que le cœur cesse de battre ou que le rythme cardiaque soit irrégulier (arythmie) et ces scénarios peuvent tous deux entraîner une mort soudaine.

Les accidents vasculaires cérébraux (AVC)

La plupart des accidents vasculaires cérébraux surviennent de la même manière que les crises cardiaques, mais les artères touchées sont celles qui alimentent le cerveau. Les AVC se produisent lorsqu'une partie du cerveau a été privée de sang, habituellement à cause du blocage soudain d'une artère occasionné par un caillot sanguin. De « mini-attaques » peuvent se produire lorsque le cerveau est brièvement privé de son irrigation en sang, mais il fait en sorte de récupérer en quelques minutes. Les gens ayant fait des crises cardiaques risquent de faire des AVC et vice-versa.

Facteurs de risque classiques des maladies coronariennes

Ce qui ne peut être modifié :

- L'âge – plus vous êtes âgé, plus les risques sont grands
- Le sexe masculin – les femmes sont moins à risque avant la ménopause
- Les antécédents familiaux – surtout une maladie cardiaque chez un proche parent de moins de 55 ans

Ce qui peut être diminué, contrôlé ou éliminé :

- Hypercholestérolémie
- Hypertension
- Diabète
- Surcharge pondérale
- Tabagisme
- Manque d'activité physique

Réduire les risques

Le cholestérol

Il s'agit d'une substance blanche, molle et cireuse, qui est essentielle à la santé, car elle constitue l'élément de base de toutes les membranes cellulaires, des sels biliaires, de la vitamine D et de diverses hormones. Le cholestérol devient un problème seulement lorsqu'il est trop élevé, car cela peut augmenter les risques de maladies cardiaques. Le cholestérol provient de deux sources. La majorité est synthétisée par le corps, la plupart dans le foie à partir des gras saturés, mais on en trouve aussi dans les aliments de sources animales comme les viandes grasses, la volaille, le poisson, les fruits de mer, les œufs et les produits laitiers.

Une baisse de 1 % du cholestérol sanguin peut se traduire en une diminution de 2 à 3 % des risques de maladies cardiaques, mais cela est relié à l'âge. Une baisse de 10 % réduirait les maladies cardiaques de 50 % à l'âge de 40 ans et de 20 % à l'âge de 70 ans.

Le bon et le mauvais cholestérol

Le cholestérol est transporté dans le sang dans de minuscules «transporteurs» appelés lipoprotéines. Les types de transporteurs sont classés selon leur densité, les deux plus importants étant les lipoprotéines de basse densité (LDL) et les lipoprotéines de haute densité (HDL). La plupart du cholestérol sanguin est transporté du foie aux tissus de l'organisme dans des lipoprotéines de basse densité et est, de ce fait, appelé lipoprotéine de basse densité ou cholestérol LDL. Un taux élevé de LDL augmente les risques de maladies cardiaques. Cela s'explique parce que, sous des formes modifiées, il peut lentement s'accumuler sur les parois des artères coronaires, formant des plaques athéroscléreuses, les dépôts graisseux qui rétrécissent les artères et qui, finalement, provoquent des crises d'angine et des attaques cardiaques. Pour simplifier les choses, le LDL est souvent appelé mauvais cholestérol et plus son taux est bas, mieux c'est.

À l'inverse, le cholestérol qui transporte les lipoprotéines de haute densité est appelé cholestérol HDL. Le HDL est considéré comme un bon cholestérol, car des taux élevés diminuent les risques de maladies cardiaques tandis que de faibles taux en augmentent les risques. Le HDL semble agir comme aspirateur biologique, éliminant le cholestérol des cellules, y compris des parois des artères, et le renvoyant au foie pour qu'il soit éliminé. Plus votre HDL est élevé, moins vous courez le risque d'avoir une maladie cardiaque.

Les triglycérides

Les triglycérides sont la forme de gras qu'on retrouve le plus souvent autant dans les aliments que dans l'organisme et qui sont souvent emmagasinés sous la peau, aux endroits où on ne voudrait pas en avoir! La plupart des triglycérides, une sorte de gras différent du cholestérol, sont transportés dans les lipoprotéines de très basse densité (VLDL). Ces particules renferment aussi de très petites quantités de cholestérol qui peuvent s'accumuler sur les parois des artères, augmentant le risque de maladies cardiaques. Des taux très élevés de triglycérides dans le sang se trouvent souvent chez les gens qui souffrent d'embonpoint, qui sont atteints de diabète de type 2 ou qui boivent trop d'alcool. Des recherches ont prouvé que malgré un taux de cholestérol normal, si vous avez un taux élevé de triglycérides et un faible taux de HDL, vous courez toujours le risque de souffrir de maladies cardiaques. Se maintenir en forme et mince et avoir une alimentation saine comprenant des poissons gras ou des huiles de poisson permettent de contrôler les taux de triglycérides.

Les lipides

Les lipides sont le nom donné aux substances grasses dans le sang. Si vous voulez connaître votre taux de lipides, vous devrez faire effectuer une analyse sanguine. Un test de glycémie à jeun (où vous jeûnez pendant 12 à 16 heures en ne buvant que de l'eau) vous donnera votre taux de LDL et de HDL ainsi que votre taux de triglycérides. Un test au hasard, sans être à jeun, ne mesure que le total du cholestérol et le HDL.

Un bon modèle de lipides

Le taux de cholestérol moyen chez la plupart des Occidentaux est de 5,9 mmol/L (225 mg/dL) tandis que dans les régions rurales de Chine, il se situe à 3,0 mmol/L (115 mg/dL) et le taux de maladies cardiaques y est très faible.

Les cibles raisonnables à viser sont :

- Un taux de cholestérol total inférieur à 5,0 mmol/L (195 mg/dL)
- Un taux de cholestérol LDL inférieur à 3,0 mmol/L (115 mg/dL)
- Un taux de cholestérol HDL supérieur à 0,9 mmol/L (35 mg/dL)
- Un taux de triglycérides inférieur à 1,5 mmol/L (57 mg/dL)

Il semble que plus le taux de cholestérol est bas, mieux c'est. Si vous pouvez maintenir votre taux de cholestérol à moins de 5 mmol/L (195 mg/dL) pendant deux ans, il y a de bonnes chances pour que tout athérome déjà accumulé puisse régresser ou se stabiliser.

Si vous souffrez déjà d'une maladie cardiaque ou si vous risquez fortement d'en développer une, votre médecin vous a peut-être prescrit une médication pour modifier votre taux de lipides. Ces médicaments possèdent des avantages considérables et leur effet s'améliore avec une alimentation saine.

Hypertension

Tout le monde a une tension sanguine et en a besoin. Un certain taux de tension sanguine est vital pour que le sang puisse circuler dans les artères et alimenter toutes les parties de l'organisme en énergie et en oxygène. La tension sanguine peut nuire seulement si elle est trop élevée, ce qui survient habituellement lorsque les artères perdent de leur élasticité. Pendant que le cœur bat, le sang est pompé dans les artères, ce qui crée la pression permettant au sang de circuler dans l'organisme. Lorsqu'on mesure la tension sanguine, on enregistre deux nombres, par exemple 120/60 mmHg (millimètres de mercure). Le nombre le plus élevé (la tension systolique) mesure la tension dans les artères lorsque le cœur bat. Le nombre le plus faible (la tension diastolique) mesure la tension lorsque le cœur est au repos entre les battements.

Il existe une polémique au sujet de ce qu'on considère comme une tension sanguine «normale», mais le tableau ci-dessous montre les recommandations les plus récentes (la valeur normale élevée étant la plus haute valeur «normale» avant qu'elle ne devienne anormale).

La tension sanguine peut varier en un rien de temps à cause des changements de posture, de l'exercice ou lorsqu'on dort. De ce fait, plusieurs lectures devraient être prises sur une certaine période de temps, avant de rendre un verdict au sujet de la tension sanguine.

Une tension sanguine normale devrait être inférieure à 140/90 mmHg. Si vous souffrez d'une maladie cardiaque, elle devrait être inférieure à 140/85 mmHg et même plus basse si vous êtes atteint de diabète ou de maladie rénale à cause des risques élevés de maladies cardiaques associées à ces affections.

Une personne souffre d'hypertension lorsque sa tension sanguine est toujours plus élevée que 140/90 mmHg. Cet état ajoute à la charge de travail du cœur et des artères. Le cœur doit alors fournir un effort plus grand que la normale, ce qui entraîne son grossissement. Avec le vieillissement, les artères durciront et deviendront moins élastiques et une tension sanguine élevée accélérera ce processus. Une tension sanguine élevée peut se contrôler par la combinaison d'une alimentation saine, d'activité physique et de médication. Éviter le sel, diminuer la consommation d'alcool et rester mince sont tous des facteurs qui protègent le cœur et qui réduisent la tension sanguine.

Recommandations pour la tension sanguine

	TENSION SANGUINE SYSTOLIQUE mmHG	TENSION SANGUINE DIASTOLIQUE mmHG
Optimale	Moins de 120	Moins de 80
Normale	Moins de 130	Moins de 85
Normale élevée	130-139	85-89

Le diabète

Les cas de diabète sont en hausse de par le monde, affectant quelque 2,1 % de la population (124 millions de gens). On évalue que, pour chaque personne qui a été diagnostiquée, il y en a une autre qui ne l'est pas et qui n'est donc pas traitée. Le diabète de type 1 survient lorsque l'organisme ne produit que peu ou pas d'insuline; il se traite par des injections d'insuline et une alimentation saine et équilibrée. Le diabète de type 2, le plus fréquent, se développe lorsque l'organisme fabrique encore de l'insuline, mais pas suffisamment pour ses besoins, ou lorsque l'organisme ne l'utilise pas correctement. Ce type de diabète se traite par une alimentation saine ou par une alimentation saine et des comprimés. Le diabète de type 2 est relié à l'obésité, surtout lorsque la surcharge pondérale se concentre autour de l'abdomen. L'obésité étant de plus en plus répandue dans le monde, le diabète de type 2 est plus qu'une bombe à retardement. L'alarme a sonné même chez la génération des jeunes qui développent des diabètes de type 2 durant l'adolescence à cause d'un surplus de poids dû à une piètre alimentation et à un manque d'activité physique.

Les maladies cardiaques, une des principales causes de mortalité chez les gens atteints de diabète, sont responsables de 50 % des décès. C'est pourquoi il est particulièrement important de réduire les facteurs de risque chez ces personnes.

La mesure du tour de taille

	BUT RECHERCHÉ	RISQUE ACCRU – VOTRE SANTÉ PEUT EN SOUFFRIR, NE PRENEZ PLUS DE POIDS.	RISQUE CONSIDÉRABLE – VOTRE SANTÉ EST À RISQUE, ESSAYEZ DE PERDRE DU POIDS.
Femmes	Moins de 80 cm	Plus de 80 cm	Plus de 88 cm
Hommes	Moins de 94 cm	Plus de 94 cm	Plus de 102 cm

Maintenir un poids santé

Le taux d'obésité a presque triplé ces 20 dernières années et, si la tendance se maintient, au moins 1 adulte sur 4 sera obèse en 2010. En ce qui concerne les maladies cardiaques, l'obésité est reliée à d'autres facteurs de risque tels qu'une tension sanguine et un taux de cholestérol élevés et des risques accrus de diabète de type 2. Même une modeste perte de poids (de 5 à 10 % du poids initial) entraîne des bienfaits significatifs pour la santé.

Êtes-vous pomme ou poire ?

Ce n'est pas seulement le surplus de poids qui pose problème, mais la répartition de ce poids. Il existe une association entre la forme du corps et les maladies cardiaques : les gens de forme poire, dont la graisse est surtout concentrée au niveau des cuisses et des hanches, semblent être beaucoup moins à risques que ceux qui sont de forme pomme, dont la graisse se concentre au niveau de l'abdomen, comme un « ventre de bière ». Les cellules graisseuses réparties autour de l'abdomen rendent l'organisme insulinorésistant, entraînant un groupement en masse classique des facteurs de risque appelé syndrome insulinorésistant. Une plus grande quantité d'insuline est produite, ce qui augmente la tendance au diabète, élève la tension sanguine et les taux de cholestérol et de triglycérides et abaisse le taux de cholestérol HDL, tout en augmentant les risques de formation de caillots sanguins. Les professionnels de la santé se basent de plus en plus sur le tour de taille plutôt que sur le poids pour identifier les gens qui risquent de souffrir de cardiopathies. Vous pouvez vérifier votre tour de taille avec un mètre à mesurer (à mi-chemin entre la côte la plus basse et l'os de la hanche).

Le tabagisme

Le tabagisme est une des causes majeures de maladies cardiaques. Les gens qui fument la cigarette risquent deux fois plus de développer une maladie coronarienne que ceux qui ne fument pas. Pour ceux qui ont moins de 50 ans, le risque est 10 fois plus grand que chez ceux du même âge qui ne fument pas. Cesser de fumer apporte des bienfaits presque immédiats et les risques encourus par le tabagisme diminuent progressivement. Si vous fumez, vous devriez demander de l'aide pour arrêter ! Même le tabagisme passif augmente considérablement le risque de cardiopathies. Le tabagisme accroît aussi les risques de cancer et de maladies pulmonaires.

Le manque d'activité physique

Bien des gens ne font pas d'activité physique pendant la semaine. L'inactivité physique double le risque de cardiopathies et est un facteur de risque majeur d'AVC. L'accumulation de preuves laisse supposer qu'une activité physique régulière comme la marche rapide, le cyclisme, la danse ou le jardinage est utile pour la prévention et le traitement des maladies cardiaques, des AVC, du diabète, de l'obésité et de l'ostéoporose. Des recherches récentes laissent aussi supposer que même les mouvements de tous les jours entraînent d'autres bénéfices en diminuant les effets du stress, en atténuant et en prévenant la dépression, en réduisant le taux d'anxiété et en augmentant l'estime de soi. Il est recommandé de marcher, de faire de la bicyclette ou de nager pendant 30 minutes au moins 5 jours par semaine et, si vous n'avez pas 30 minutes devant vous, essayez de vous exercer 15 minutes deux fois par jour ou 10 minutes trois fois par jour. De telles activités devraient vous faire transpirer et vous essouffler légèrement.

Commencez doucement ; il n'est pas nécessaire de vous épuiser. La marche est excellente pour débuter, car elle fournit tous les exercices dont le cœur a besoin et vous pouvez progressivement augmenter la distance et le rythme.

L'alimentation cardioprotectrice

Dans les années 1960, un épidémiologiste américain, le Dr Ancel Keys, et ses collègues ont étudié la relation qui existait entre l'alimentation et les taux de cardiopathies dans sept pays pour se rendre compte que par comparaison avec les Américains et les habitants des pays industrialisés occidentaux, les taux de mortalité reliés aux crises cardiaques et coronariennes chez les gens qui vivaient autour de la Méditerranée ne correspondaient qu'à une infime fraction. Les gras alimentaires consommés par les Méditerranéens étaient pour la plupart d'origine végétale, contrairement à l'alimentation riche en gras hautement saturés d'origine animale provenant de la viande et des produits laitiers consommés dans les autres pays.

Les Crétois ont le plus faible taux de décès reliés aux cardiopathies et la plus longue espérance de vie de tous les pays méditerranéens. Leur alimentation est riche en légumes, en légumineuses, en fruits, en huile d'olive et en vin rouge. Elle est aussi riche en acide alpha-linolénique (voir page 16) qui provient de plantes sauvages, de légumes, de noix, de figues, d'escargots, mais beaucoup moins riche en acide linoléique (voir page 16) que les autres alimentations méditerranéennes. En matière d'acides gras essentiels et d'antioxydants (voir page 22), l'alimentation des Crétois est semblable à l'alimentation au paléolithique, il y a des dizaines de milliers d'années.

L'expression « alimentation méditerranéenne » a été créée vers la fin des années 1950

Quelles sont les caractéristiques d'une alimentation cardioprotectrice ?

- Pauvre en gras saturés
- Riche en gras monoinsaturés (principalement l'huile d'olive)
- Équilibrée en acides gras oméga-6 et oméga-3
- Abondante en fruits et en légumes; riche en nutriments cardioprotecteurs
- Basée sur une alimentation riche en céréales entières, en légumes et en légumineuses
- Comprenant des quantités raisonnables de viande maigre, de poisson, de produits laitiers et d'œufs

par Ancel et Margaret Keys, dans leur livre de cuisine *How to Eat Well and Stay Well, the Mediterranean Way*, pour faire la promotion des délicieux aliments qui protégent contre les cardiopathies et plusieurs cancers communs.

L'alimentation méditerranéenne incarne maintenant l'alimentation cardioprotectrice. D'autres cultures, qui ont adopté des alimentations ayant une composition nutritionnelle semblable, ont aussi de faibles taux de cardiopathies. La cuisine de plusieurs pays asiatiques fournit de tels exemples.

Besoins en énergie

ÉNERGIE EN CALORIES	TOTAL DES GRAS EN GRAMMES	GRAS SATURÉS EN GRAMMES
2000	73	22
2500	92	28

Explication des calculs:

Le pourcentage d'énergie dérivée des gras est 33 % de 2 500, c.-à-d. 825 kcal.
Il y a 9 kcal par gramme, ce qui donne $825 \div 9 = 92$ g de gras.

Les gras dans l'alimentation cardioprotectrice

Certains gras sont importants dans l'alimentation, car ils fournissent une énergie concentrée, emmagasinent l'énergie et sont nécessaires pour l'isolation thermique. Les gras sont aussi un véhicule pour les vitamines liposolubles A, D, E et K et les gras essentiels, l'acide linoléique et l'acide alpha-linolénique qui ne peuvent pas être synthétisés par l'organisme. Cependant, nous consommons trop de gras, surtout des gras saturés, qui augmentent la cholestérolémie (concentration de cholestérol dans le sang) et mènent aux cardiopathies. La consommation de gras recommandée se base sur les besoins en énergie et le degré d'activité physique. Les guides actuels suggèrent que pas plus de 30 à 35 % des kilocalories quotidiennes ne devraient provenir des gras et pas plus de 10 %, des gras saturés. Les besoins en énergie pour une femme et un homme d'âge moyen sont respectivement de 2 000 et de 2 500 kcal par jour (voir le tableau en haut à droite).

De plus, certains gras sont plus bénéfiques que d'autres. Il existe trois principaux types de gras – les gras saturés, monoinsaturés et polyinsaturés. Tous les aliments gras sont constitués d'un mélange de ces trois gras, mais sont classés selon le type de gras qui est présent en plus grande quantité. Les gras saturés se trouvent principalement dans les produits animaliers et la plupart d'entre eux sont solides à la température ambiante; les huiles de palme et de noix de coco sont des gras saturés qui ne proviennent pas de sources animales et qui ne sont pas solides. Les gras monoinsaturés se trouvent dans les huiles d'olive et de colza et dans les margarines molles faites à partir de ces huiles. Les gras polyinsaturés, souvent liquides à la température ambiante, se trouvent dans les huiles végétales telles que les huiles de tournesol et de carthame, ainsi que dans les céréales, les noix et les graines.

Les gras saturés

Les aliments riches en gras saturés se trouvent principalement dans la viande et les produits laitiers et ont une influence majeure sur la cholestérolémie. Le cholestérol est synthétisé dans le foie et la quantité produite est directement reliée à la quantité de gras saturés qui se trouve dans l'alimentation. Plus la nourriture consommée est riche en gras saturés, plus notre cholestérolémie sera élevée. D'un autre côté, les aliments qui contiennent du cholestérol ont très peu d'influence sur la cholestérolémic, même les aliments riches en cholestérol tels que les jaunes d'œufs, le foie, le ris de veau, les crustacés et les coquillages. Cela s'explique parce que ces aliments renferment relativement peu de gras saturés qui, de toute façon, ne sont pas absorbés en entier. Cela signifie donc que la teneur en gras saturés est ce qu'il y a de plus important à vérifier.

Les gras trans se trouvent dans certains aliments en petites quantités et se comportent comme les gras saturés. Ils se trouvent naturellement en faibles quantités dans la viande et les produits laitiers, mais ils se forment aussi lorsque les huiles végétales sont hydrogénées pour fabriquer des gras solides destinés aux aliments préparés tels que les gâteaux, les biscuits, les pâtisseries et les repas rapides.

Les gras monoinsaturés

Lorsqu'on utilise des gras monoinsaturés au lieu de gras saturés, les taux de cholestérolémie diminuent. L'huile d'olive, un aliment

	PRINCIPALES SOURCES	EFFETS SUR LES FACTEURS DE RISQUE
Gras saturés	Viandes et produits gras dérivés de la viande, saindoux, gras de cuisson, suif, produits laitiers tels que le lait entier, la crème, le beurre et le fromage. L'huile de noix de coco, l'huile de palmiste et l'huile de palme utilisées dans les aliments préparés, les gâteaux, les biscuits, etc.	Élèvent le cholestérol.
Gras trans	Se trouvent en petites quantités dans le gras des produits laitiers et dans quelques viandes, mais principalement dans les huiles végétales hydrogénées et dans les aliments préparés tels que les biscuits, etc.	Élèvent le cholestérol.

de base de la cuisine méditerranéenne, est riche en gras monoinsaturés. Cette huile est préférable à toutes les autres, car elle contient très peu d'acides gras oméga-6, ce qui donne un ratio d'acides gras oméga-6 / oméga-3 favorable (voir ci-dessous).

De plus, elle est riche en antioxydants (voir page 22) et contient une substance appelée squalène qui a des propriétés anti-inflammatoires, ralentit la formation de caillots dans le sang et abaisse le cholestérol. L'huile de colza (canola) est une autre bonne huile monoinsaturée à utiliser, et c'est celle que renferment la plupart des huiles végétales (toujours vérifier sur l'étiquette).

Les acides gras monoinsaturés sont particulièrement bénéfiques, car leur nature chimique les rend résistants aux changements oxydatifs. L'huile d'olive possède une remarquable stabilité et peut se conserver pendant 18 mois et plus. Cette résistance à la rancidité se combine avec une merveilleuse variété de saveurs et de couleurs, qui se prêtent à diverses applications culinaires avec peu ou pas d'apprêts. Une simple vinaigrette peut se faire instantanément en mélangeant de l'huile d'olive et du jus de citron frais, ce qui fournit une riche source de vitamines aussi bien liposolubles qu'hydrosolubles.

Dans les salades ou pour la cuisson, l'huile d'olive est habituellement mélangée avec des fines herbes et des épices, qui sont aussi des éléments importants de l'alimentation cardioprotectrice. Les fines herbes comme l'origan, le romarin et le thym sont de riches sources de composés phénoliques ayant une forte activité antioxydante. Ces fines herbes maintiennent la valeur nutritive des aliments et prolongent la durée de conservation du produit.

Les gras polyinsaturés oméga-6 et oméga-3

Il existe deux principales familles d'acides gras polyinsaturés: la famille des oméga-6 qui sont dérivés de l'acide linoléique, un acide gras essentiel, et la famille des oméga-3 qui sont dérivés de l'acide alpha-linolénique, un acide gras essentiel également. Les acides gras oméga-6 se trouvent principalement dans les huiles de pépins et dans les margarines polyinsaturées. On trouve les acides gras oméga-3 dans les poissons gras (sources marines) ainsi que dans quelques huiles de lin et légumes (sources végétales).

Les acides gras oméga-6 et oméga-3 diminuent tous deux les risques d'attaques cardiaques, mais ils ont d'importants effets biologi-

	PRINCIPALES SOURCES	EFFETS SUR LES FACTEURS DE RISQUE
Gras monoinsaturés	Huile d'olive, huile de colza (canola), huiles d'arachide, noix et trempettes aux noix, avocats.	Abaissent le cholestérol lorsqu'ils remplacent les gras saturés; bonnes sources d'antioxydants.

ques différents. Les acides gras oméga-6 diminuent le taux de cholestérolémie tandis que les acides gras oméga-3 diminuent les risques de formation de caillots sanguins et d'inflammation et préviennent l'arythmie. Les acides gras oméga-3 peuvent aussi exercer un effet bénéfique sur la tension sanguine et abaisser les taux de triglycérides dans le sang.

L'équilibre entre les acides gras oméga-6 et oméga-3 est de première importance. L'alimentation occidentale contient beaucoup de gras oméga-6 dans les huiles et les margarines végétales, mais pas suffisamment de gras oméga-3, peut-être parce que relativement peu d'aliments en contiennent de grandes quantités. Les poissons gras sont la source la plus riche de la longue chaîne d'acides gras oméga-3 – l'acide éicosapentanoïque (EPA) et l'acide docosahexanoïque (DHA).

Le poisson

Une des révélations les plus extraordinaires en matière de nutrition, ces dernières années, a été le rôle que jouait le poisson dans la prévention des cardiopathies. Des études ont démontré que la consommation de poisson pouvait prévenir des interruptions du rythme cardiaque potentiellement fatales et diminuer l'épaisseur et la viscosité du sang, ce qui en retour signifie moins de risques de caillots sanguins et d'un début de crise cardiaque. L'incidence de cardiopathies est plus faible chez les gens qui consomment régulièrement du poisson, tels que les Japonais et les Inuits du Groenland, que chez ceux qui n'en consomment pas. Les experts conseillent de manger deux portions de poisson par semaine, dont une portion de poisson gras (voir le tableau à la page 18). Il est recommandé aux gens qui

	PRINCIPALES SOURCES	EFFETS SUR LES FACTEURS DE RISQUE
Acides gras polyinsaturés Oméga-6	Huiles végétales telles que l'huile de tournesol, de carthame, de soja, de maïs et les margarines dérivées.	Abaissent la cholestérolémie.
Oméga-3	Poisson gras, graines de lin et huile de lin, huile de colza (canola), huile de soja, huile de noix et noix, légumes verts à feuilles.	Diminuent les risques de thrombose, d'inflammation et d'arythmies fatales. Abaissent la tension sanguine et les triglycérides.

POISSONS GRAS RICHES EN ACIDES GRAS OMÉGA-3 (EPA ET DHA)	OMÉGA-3 (GRAMMES PAR PORTION MOYENNE)
Maquereau	4,5
Hareng kipper	3,7
Thon frais	3,0
Truite	2,9
Hareng kipper (en conserve)	2,7
Saumon	2,5
Hareng (mariné)	2,2
Sardines (en conserve en saumure ou en sauce tomate)	1,8
Saumon (rose ou rouge, en conserve)	1,4
Saumon fumé	1,3
Maquereau (en conserve)	1,3
Sardines (en conserve)	1,2
Espadon	1,1
Thon (en conserve dans l'huile)	0,7
Crabe (en conserve en saumure)	0,6
Morue	0,3
Thon (en conserve en saumure)	0,1

La quantité d'acides gras oméga-3 dans les poissons varie selon les saisons et selon qu'il s'agit d'un poisson sauvage ou d'élevage.

ont déjà souffert de cardiopathies de consommer de deux à trois portions moyennes de poisson gras par semaine ou de prendre quotidiennement un supplément d'huile de poisson gras de 1 g de EPA et de DHA. Pour les végétariens, le DHA fabriqué à partir d'algues peut être pris comme supplément.

Les sources végétales d'oméga-3

L'acide alpha-linolénique, qui est une source d'acide gras oméga-3, se trouve dans quelques huiles de pépins, par ex. les huiles de lin, de carthame et de soja, et dans quelques noix (surtout les noix de Grenoble) et les légumes verts à feuilles. L'organisme humain peut synthétiser des

ACIDES GRAS OMÉGA-3 DE SOURCES VÉGÉTALES (ACIDE ALPHA-LINOLÉNIQUE)	OMÉGA-3 (GRAMMES PAR PORTION MOYENNE)
Graines de lin et huile de lin	1,8
Noix de Grenoble	1,5
Huile de noix	1,3
Huile de colza	1,0
Huile de soja	0,8
Huile végétale, mélangée	0,7
Margarine de soja	0,2
Fèves au four	0,2
Épinards et légumes verts à feuilles de toutes sortes	0,2
Arachides	0,2
Huile de maïs	0,1
Huile d'olive	0,08
Petits pains (blancs ou complets)	0,08
Amandes	0,04
Patates douces	0,04
Poivrons verts	0,02

AUTRES SOURCES D'ACIDES GRAS OMÉGA-3	OMÉGA-3 (GRAMMES PAR PORTION MOYENNE)
Poulet, viande brune, rôtie	0,33
Gigot d'agneau rôti	0,24
Cheddar	0,19
Lait entier	0,15
Poulet, viande blanche	0,13
Bacon grillé	0,12
Rôti de cuisseau de porc	0,11
Rôti de bœuf	0,10
Œuf dur	0,06
Yogourt	0,01

Certains poulets ayant une alimentation particulière pondent des œufs qui contiennent chacun 0,5 g d'acides gras oméga-3. La viande et les produits laitiers peuvent contenir une source utile d'acide alpha-linolénique, surtout si les animaux broutent de l'herbe pour se nourrir.

chaînes plus longues d'EPA et de DHA de l'acide alpha-linolénique, mais le taux de conversion est lent. De ce fait, il est important d'avoir des sources d'acides gras oméga-3 provenant aussi bien des poissons que des végétaux pour augmenter leur ingestion et améliorer l'équilibre entre les acides gras oméga-3 et oméga-6.

Points clés

- Le secret d'une cuisine pauvre en gras est de remplacer la plupart des gras et des huiles ajoutés dans la cuisson par des légumes, des fines herbes et des épices aromatiques qui fourniront des saveurs plus fraîches et beaucoup plus vibrantes. Essayer les tomates, les olives noires, les piments chilis, les poivrons, les fèves en conserve, les aubergines, les champignons, les fines herbes et les épices comme le gingembre, l'ail, la coriandre fraîche, les graines de cumin grillées, les graines de coriandre, le vinaigre et les jus d'agrumes.
- Les huiles peuvent être utilisées en petites quantités, mais chaque cuillerée à soupe contient 120 kcal; réduire le plus possible la quantité utilisée.
- Pour accompagner le pain, l'idéal est probablement un peu d'huile d'olive vierge.
- Le beurre contient trop de gras saturés et la variété de margarines molles et de margarines dures est si vaste qu'il y a de quoi s'y perdre. Choisir une margarine molle contenant moins de 15 g de gras saturés par 100 g.
- Éviter les margarines molles à base d'huiles hydrogénées, car elles sont aussi néfastes que les gras saturés; les margarines molles à base d'huiles monoinsaturées et polyinsaturées

telles que l'huile d'olive, l'huile de tournesol ou l'huile de soja sont de bons choix.

- Pour perdre du poids, choisir une margarine molle pauvre en gras qui contient un total de 38 g de gras ou moins par 100 g.
- Des margarines molles avec ajout d'andro-stanolone et de stérols végétaux (voir page 26) sont aussi efficaces pour diminuer d'environ 10 % le taux de cholestérolémie.

Les fruits et les légumes dans l'alimentation cardioprotectrice

L'Organisation mondiale de la santé a reconnu l'importance des fruits et des légumes dans l'alimentation. Des études épidémiologiques ont aussi démontré que les populations dont l'alimentation comprend beaucoup de fruits et de légumes ont des taux de cardiopathies et de

À QUOI CORRESPOND UNE PORTION ?	
Pomme, orange ou banane	1 fruit
Fruits très gros, p. ex. melon, ananas	1 grosse tranche
Fruits plus petits, par ex. prunes, kiwis, mandarines	2 fruits
Framboises, fraises, raisins	1 tasse
Salade de fruits frais, fruits cuits ou en conserve	2 à 3 cuillères à soupe
Fruits séchés	½ à 1 cuillère à soupe
Jus de fruit	1 verre (150 ml)
Légumes, crus, cuits, surgelés ou en conserve	2 cuillères à soupe
Salade	1 bol OU 1 assiette

Une portion de fruits ou de légumes doit être approximativement de la taille de votre poing !

Même si les pommes de terre sont des légumes, elles comptent parmi les glucides amylacés et ne sont pas considérées comme une portion de fruits ou de légumes.

ANTIOXYDANTS	BONNES SOURCES
Vitamine E	Noix, germe de blé, huiles végétales (huile de lin), margarine, œufs.
Bêta-carotène	Fruits et légumes très colorés tels que carottes, brocoli, tomates, poivrons rouges et citrouille.
Lycopène (un caroténoïde)	Tomates.
Vitamine C	Agrumes et légumes verts à feuilles habituellement mangés crus dans les pays méditerranéens, ce qui évite la perte de vitamine C par la cuisson.

OLIGOÉLÉMENTS ANTIOXYDANTS	BONNES SOURCES
Sélénium	Haricots et lentilles, noix du Brésil, poisson gras, graines de sésame, soja, noix de Grenoble.
Zinc	Amandes, petits fruits, brocoli, noisettes, mangues, noix de pin, citrouille, graines de sésame et de tournesol, soja et tofu, patates douces, tomates, cresson.

cancers plus faibles que les autres. Il est recommandé de prendre au moins cinq portions (400 g) de fruits et de légumes par jour. Beaucoup de gens ne mangent que trois portions par jour et des recherches ont démontré qu'un enfant sur cinq ne consommait aucun fruit.

Les antioxydants

Les fruits et les légumes sont riches en antioxydants, des substances utiles pour maintenir une bonne santé et protéger des dommages causés par les radicaux libres qui peuvent abîmer les cellules et les tissus. L'organisme synthétise des radicaux libres dans le cours normal de la production d'énergie, mais certains polluants (produits chimiques, fumée de tabac, radiations solaires) déclenchent la production de radicaux libres. Le cholestérol LDL est sensible à l'oxydation par une attaque de radicaux libres et, une fois oxydé, il est beaucoup plus toxique et enclin à s'accumuler sur la paroi artérielle.

Les antioxydants comprennent les vitamines E et C, le bêta-carotène et le zinc. De plus, il a été prouvé que quelques substances non nutri-

tives avaient de puissantes propriétés antioxydantes et qu'elles pouvaient jouer un rôle protecteur. Ce sont les polyphénols (dans le vin, le thé et l'huile d'olive), les sulfides organiques (dans l'ail) et les anthocyanines, responsables de la fabuleuse couleur des fruits et des légumes.

Les antioxydants non vitaminiques

Les oligoéléments et les polyphénols sont des antioxydants puissants particulièrement abondants dans l'alimentation méditerranéenne qui comporte énormément de fruits et de légumes.

Le blé est une importante source de sélénium; selon sa provenance, il peut cependant contenir plus ou moins de ce minéral. Il est donc important de rechercher de bonnes sources de sélénium dans l'alimentation. Trois noix du Brésil par jour en fourniront une quantité suffisante.

Dans le bassin méditerranéen, à cause du climat chaud et de l'exposition prolongée des cultures aux radiations solaires, quelques espèces végétales, comme les olives, les raisins et les feuilles de couleur foncée, contiennent des quantités particulièrement importantes de composés polyphénoliques. Les polyphénols sont utilisés en médecine traditionnelle comme agents antibiotiques, antidiarrhéiques, antiulcéreux et anti-inflammatoires. Plusieurs autres maladies, par exemple l'hypertension, ont été traitées avec succès par des extraits de plantes surtout riches en polyphénols. Des chercheurs ont identifié plus de 5 000 flavonoïdes (une forme de polyphénol) dans les plantes, les fruits, les haricots, les racines et les feuilles. On les trouve en grande quantité dans les fruits, les jus de fruits, les légumes, les céréales, le thé, le cacao, le vin rouge et le soja.

Le chocolat

Les scientifiques connaissent depuis plus de 50 ans l'activité antioxydante des polyphénols dans le chocolat. Ils sont responsables de l'excellente qualité de conservation du chocolat et préviennent le rancissement des gras contenus dans les produits laitiers. Il semble de plus en plus évident que les flavonoïdes dans le cacao ont des bienfaits sur la santé cardiovasculaire, non seulement grâce à leurs effets antioxydants sur le cholestérol LDL, mais aussi à leurs effets semblables à ceux de l'aspirine sur la fonction des plaquettes sanguines, à leur habileté à détendre les parois internes des artères, à leurs effets bénéfiques sur le système immunitaire et à leur rôle anti-inflammatoire. La quantité de flavonoïdes naturels dans le chocolat dépend de la variété des grains de cacao, des conditions de croissance, du traitement et de l'entreposage.

Le vin

En France, l'incidence de cardiopathie est remarquablement faible, malgré une alimentation riche en gras saturés et la présence d'autres facteurs de risques (tels que le tabagisme et des taux de cholestérol élevés). On a surnommé cette contradiction apparente le « paradoxe français », car il a été établi que l'habitude des Français de boire du vin aux repas semblait les protéger des cardiopathies.

Les effets protecteurs d'une consommation modérée de vin sont apparemment dus à une hausse d'alcool dans les taux de lipoprotéines de haute densité (HDL) et aux bienfaits des petites quantités de polyphénols dans le vin.

L'alcool est cependant une toxine pouvant entraîner une dépendance, et une consommation excessive est néfaste pour la santé. De plus, il fournit des calories supplémentaires (autour de 100 kcal par portion) ce qui n'aide pas ceux qui ont des problèmes de poids. On suggère de ne pas prendre plus de 2 à 3 portions (voir le tableau ci-dessus) par jour pour les femmes et de 3 à 4 portions pour les hommes. Le modèle de consommation et la quantité ingérée sont plus importants que le type de boisson. Évitez les excès et maintenez une saine consommation d'alcool en vous abstenant d'en prendre certains jours.

1 PORTION D'ALCOOL CORRESPOND À :
1 bouteille de bière ou cidre de 300 ml (12 oz)
1 petit verre de vin rouge ou blanc de 125 ml (4 oz)
1 mesure d'alcool de 25 ml (1 oz)
1 petit verre de vin de liqueur, par ex. xérès ou vermouth de 50 ml (2 oz)

Points clés

- Boire de façon raisonnable (voir ci-dessus) et étancher sa soif avec de l'eau.
- Alterner les boissons alcoolisées avec les boissons non alcoolisées.
- Boire au moins 1,5 litre (6 à 8 verres) de liquide chaque jour, pouvant inclure le thé, le café, l'eau, les jus de fruits, les boissons gazeuses, etc. (Cependant, on recommande de ne pas boire plus de 6 tasses de café à cause de la teneur en caféine.)

L'huile d'olive

L'huile d'olive est la principale source de gras dans l'alimentation méditerranéenne. La saveur de l'huile d'olive extra-vierge se marie bien avec les légumes crus qui sont habituellement servis avec une vinaigrette à base d'huile d'olive et de vinaigre (ce dernier contenant aussi des antioxydants). Contrairement aux autres huiles, l'huile d'olive renferme des composés phénoliques qui lui donnent son arôme et son goût uniques et dont on sait que les effets sont potentiellement bénéfiques. La plupart des huiles végétales sont extraites de graines par des solvants tandis que l'huile d'olive s'obtient par une pression exercée sur le fruit entier, sans l'utilisation de produits chimiques. La proportion de composés phénoliques est beaucoup plus élevée dans l'huile d'olive extra-vierge que dans l'huile d'olive ordinaire.

Les suppléments d'antioxydants

De récentes études cliniques ont confirmé que le fait de prendre quelques nutriments sous forme de suppléments semblait être légèrement bénéfique. Les avantages peuvent survenir seulement lorsque les antioxydants font partie d'une alimentation cardioprotectrice dans laquelle l'abondance de composés bioactifs pour aider le cœur sont fournis par la combinaison des fruits, des légumes, du vin et de l'huile d'olive.

L'acide folique

Les fruits et les légumes apportent aussi d'autres nutriments protecteurs comme l'acide folique. Une alimentation ayant un apport adéquat en acide folique, en vitamines B6 et B12 aide à réduire le taux d'homocystéine dans le sang. L'homocystéine est synthétisée naturellement par le corps humain lorsque la protéine est métabolisée. Des taux élevés d'homocystéine ont été associés aux cardiopathies parce qu'ils sont toxiques et peuvent endommager les parois artérielles. Depuis 1998, la Food and Drug Administration (FDA) des États-Unis a stipulé que les produits céréaliers enrichis, dont les céréales du petit déjeuner, devaient comprendre aussi de l'acide folique.

Les sources concentrées d'acide folique sont:

- Le foie
- L'extrait de levure
- Les légumes verts à feuilles
- Les légumineuses
- Les oranges

Les aliments enrichis d'acide folique, surtout les céréales du petit déjeuner, sont largement offerts sur le marché et peuvent augmenter considérablement la consommation totale de cet acide.

Les légumineuses

Les légumineuses, telles que les haricots, les pois et les lentilles, sont de bonnes sources de fibres insolubles et solubles qui abaissent les taux de cholestérol, en plus d'être remplies de nutriments cardioprotecteurs tels que l'arginine, la vitamine E, les vitamines B et l'acide folique ainsi que de minéraux tels que le calcium, le fer et le zinc. Il a été démontré que les végétariens risquaient moins d'être atteints de cardiopathies que les non-végétariens, autant à cause de leur alimentation que des autres aspects sains de leur mode de vie. Les haricots, les pois et les légumineuses contiennent peu de gras, sont riches en protéines et peuvent remplacer ou accompagner la viande ou le poisson. Il existe une grande variété de légumineuses: les pois chiches, les haricots borlotti, les lentilles, les doliques, les pois et le maïs. On peut les acheter séchées, puis les faire tremper avant la cuisson dans beaucoup d'eau bouillante (habituellement pendant 1 heure) jusqu'à ce qu'elles soient tendres. Les lentilles prennent moins de temps à cuire. En cuisant, les haricots secs libèrent une substance toxique qui sera entièrement détruite s'ils sont soumis à une forte ébullition pendant au moins 10 minutes au début de la cuisson. La plupart des épiceries offrent un grand choix de haricots en conserve qui sont tout aussi nutritifs.

Les fèves soja

Les fèves soja méritent une mention particulière, car il a été prouvé qu'une augmentation de la quantité de protéines de soja dans l'alimentation a des bienfaits pour la santé dans les cas de cardiopathies, de cancer, d'ostéoporose et pour la santé des femmes en général. Des études ont démontré qu'une ingestion de 25 g par jour de protéines de soja pouvait réduire le cholestérol LDL d'environ 10 %. Il semblerait que 25 g de protéines de soja par jour faisant partie d'une alimentation pauvre en gras saturés et en cholestérol pourrait réduire les risques de cardiopathies.

Il peut être difficile d'obtenir 25 g de protéines de soja par jour, mais il est certainement possible de remplacer la viande et les produits laitiers par quelques substituts. Les fèves soja contiennent un peu de gras, principalement des gras polyinsaturés, qui renferment les acides gras essentiels: les acides linoléique et apha-linolénique.

Les fèves soja sont une source végétale

particulièrement utile d'acides gras oméga-3 (acide alpha-linolénique). En plus de ces nutriments, elles sont riches en substances phytochimiques dont un groupe puissant, les isoflavones, leur est presque unique. Les isoflavones sont des phytœstrogènes ayant de faibles effets œstrogéniques et les populations d'Asie qui consomment régulièrement du soja ont une incidence plus faible de cancers reliés aux hormones – les cancers du sein, du côlon et de la prostate.

Les aliments traditionnels à base de soja comprennent les fèves soja, le lait, l'huile et la margarine de soja, le miso, les noix de soja, la sauce soja, le tempeh, le tofu et les produits à base de tofu. Une nouvelle génération de produits de soja comporte des formes concentrées d'ingrédients tels que l'isolat de protéines de soja, des protéines de soja concentrées, la farine de soja et les protéines de soja texturées. Les protéines de soja sont surtout consommées sous forme de lait de soja, de yogourts, de desserts, de tofu, de saucisses végétariennes et d'une grande diversité de pain et de produits de boulangerie, par ex. les barres de céréales.

Les noix

Les noix sont une importante partie de l'alimentation cardioprotectrice. Récemment, des études ont laissé supposer qu'une consommation fréquente de noix pouvait protéger des cardiopathies grâce aux bienfaits qu'elles avaient sur les lipides sanguins. Des études cliniques ont prouvé que des suppléments alimentaires contenant des noix et des amandes diminuaient le taux de cholestérol LDL et du cholestérol en général. Parmi les autres constituants valables, on trouve de grandes quantités de protéines végétales, le magnésium, le cuivre, la vitamine E, l'acide folique, les fibres, le potassium et l'acide alpha-linolénique (principalement dans les noix de Grenoble). Même si les noix sont riches en gras, il s'agit pour la plupart de gras insaturés qui ont des effets positifs sur les lipides sanguins. La plupart des noix renferment beaucoup d'arginine, le précurseur de l'acide nitrique, qui est important pour le maintien d'une paroi artérielle interne saine. La noix de coco fait exception à la règle et contient beaucoup de gras saturés, surtout la crème de coco, bien que le lait de coco soit pauvre en gras.

Les graines

Les graines sont une source importante de protéines et d'acides gras essentiels. Les graines de lin, de sésame, de citrouille et de tournesol sont de riches sources d'acides gras oméga-3, bien que les graines de sésame et de tournesol contiennent aussi des acides gras oméga-6. Toutes ces graines regorgent de vitamines et de minéraux sains tels que les vitamines A, B, D, E et K et l'acide folique, aussi bien que du calcium, du fer, du magnésium, du sélénium et du zinc.

Les stérols et les androstanolones végétaux

Les stérols végétaux sont des substances naturelles, les équivalents végétaux du cholestérol; on en trouve en faibles doses dans les aliments riches en huiles végétales comme l'huile de tournesol, de colza, de soja et dans les céréales, les noix et certains légumes. Les androstanolones sont en grande partie dérivés du tallöl, un sous-produit de la transformation industrielle du pin. Depuis les années 1950, il est reconnu que les stérols et les androstanolones réduisent l'absorption du cholestérol dans l'organisme pendant la digestion. Ce n'est pourtant que récemment que des méthodes d'extraction satisfaisantes ont été mises au point, permettant de concentrer les stérols et les androstanolones et de les ajouter à divers aliments tels que la margarine molle, le fromage en crème, le yogourt et les barres de céréales. Les stérols et les androstanolones végétaux abaissent le taux de cholestérol dans le sang en réduisant l'absorption de cholestérol par l'intestin. Des études cliniques ont démontré que 2 g de stérols végétaux pris chaque jour en tartinade abaissent le taux de cholestérol sanguin d'environ 10 %

Points clés

- Consommer une grande variété de fruits et de légumes frais, surgelés ou en conserve. Les jus de fruits comptent, mais en prendre une seule portion par jour.
- Préparer la plupart des variétés de haricots, de pois et de légumineuses en les faisant macérer avec de l'huile d'olive et des légumes tels que des oignons, de l'ail, des tomates, des aubergines et des fines herbes.
- Utiliser du lait de soja, des yogourts et des desserts à base de soja, des protéines de soja traditionnelles comme le tofu ou le miso et des protéines de soja texturées, comme substituts pauvres en gras aux produits laitiers et à la viande, pour abaisser le cholestérol.
- Ajouter beaucoup de noix et de graines aux céréales, salades et plats principaux, ce qui donne des repas vraiment nutritifs,

surtout en y ajoutant des fruits séchés. Cependant, les noix et les graines sont riches en calories, donc ceux qui surveillent leur ligne doivent faire attention !

- Mélanger des graines avec de l'ail et des fines herbes pour préparer de délicieuses trempettes. Le tahini, à base de graines de sésame, en est un merveilleux exemple.

Céréales de grains entiers, légumes et légumineuses dans une alimentation cardioprotectrice

Les habitants des régions qui longent le bassin méditerranéen ont tendance à consommer une grande diversité de glucides amylacés provenant des céréales entières, des légumes et des légumineuses. Toutes les sortes de pain, les pâtes, le riz, l'avoine, le bulghur, le taboulé, le couscous, la semoule, les gnocchi, les pommes de terre et autres légumes riches en fibres comme les légumineuses sont des aliments de base dans ces régions. Les glucides amylacés donnent aux aliments un pouvoir de satiété et de satisfaction, sans pour autant faire engraisser, car ils ne contiennent que 4 kcal par gramme.

Les glucides amylacés, les fèves, les pois et les légumineuses sont la principale source de fibres dans l'alimentation. Les fibres sont soit solubles, soit insolubles. Les fibres insolubles, qui sont concentrées dans l'enveloppe externe des céréales entières et des légumes, sont importantes pour un bon transit intestinal. Les fibres solubles se trouvent principalement dans les haricots, les pois et les légumineuses, l'avoine, l'orge, le seigle et la plupart des fruits. Elles forment une substance semblable à du gel, qui ralentit la digestion des aliments, aidant à régulariser l'appétit et les taux de glucose et à abaisser les taux de cholestérol sanguin.

Les céréales entières comme le blé, le maïs, l'avoine, l'orge, le seigle et le riz contiennent aussi d'importants nutriments cardioprotecteurs dont les antioxydants, les vitamines et les oligoéléments (la vitamine E, les vitamines B, le zinc et le sélénium).

Différents glucides affectent l'organisme de diverses façons et cela peut se mesurer grâce à l'indice glycémique (IG). Les aliments ayant un faible indice glycémique sont préférables pour la santé cardiaque, car ils prennent plus de temps pour produire une hausse du glucose sanguin, ce qui finalement améliore le profil lipidique en augmentant le cholestérol HDL.

Les aliments à IG particulièrement bas :

- Avoine et céréales pour petit déjeuner riches en fibres, porridge
- Pain avec ajout de graines et de céréales, seigle et pumpernickel (pain noir)
- Pâtes, nouilles, riz basmati, pommes de terre nouvelles, ignames et patates douces
- Haricots, pois et lentilles
- Fruits à noyau et à pépins (pommes, poires, prunes, pêches)
- Oranges, bananes, pamplemousses

Points clés

- Commencer la journée par des céréales pour le petit déjeuner, comme l'avoine, le müesli et le porridge, ; on peut les prendre comme goûter en tout temps.
- Baser les repas et les goûters sur des aliments glucidiques avec amidon en garnissant la moitié de l'assiette de pommes de terre, de riz ou de pâtes et en les accompagnant de pain.
- Choisir parmi une large variété de pains offerts, surtout ceux qui contiennent des graines et des céréales ; pas besoin de les garnir.
- Les types de pain, de céréales, de pâtes et de riz complets offrent des choix sains, ont meilleur goût et sont plus rassasiants.
- Le chapatti est le pain à sa plus simple expression : farine et eau, sans gras ni sel.
- Les pommes de terre en robe des champs ou les pommes de terre nouvelles avec la peau sont rassasiantes et ne font pas engraisser. Garnir les pommes de terre au four de yogourt nature, de fromage frais ou de fromage cottage pauvre en gras plutôt que de beurre ou de margarine.

Des quantités modérées de viande maigre, de poisson, de produits laitiers et d'œufs

L'alimentation cardioprotectrice devrait contenir des quantités modérées de viande maigre, de poisson, de produits laitiers et d'œufs. La cuisine méditerranéenne utilise beaucoup de haricots, de pois et de légumineuses, soit comme plats végétariens, soit mélangés avec de petites quantités de viande ou de poisson.

De petites quantités de produits laitiers sont consommés dans une alimentation cardioprotectrice. Certains fromages courants et la feta sont habituellement pauvres en gras et ont une plus forte teneur en eau ; de plus les produits à base de lait écrémé tels que le yogourt et le fromage frais sont populaires pour accompagner les fruits frais.

TYPE DE FROMAGE	POURCENTAGE DE GRAS
Cottage	4
Ricotta	11
Pâte ferme pauvre en gras	15
Feta	20
Mozzarella	21
Camembert	23
Édam	25
Brie	27
Soja	27
Emmenthal	30
Parmesan	33
Cheddar	34
Stilton	35

Les œufs sont consommés avec modération (voir les points clés ci-dessous). Même si le jaune contient une quantité significative de bon cholestérol, il s'agit de gras saturés qui augmentent la cholestérolémie.

Points clés

- Manger modérément des aliments protéinés. Songer à la viande et au poisson comme un accompagnement savoureux pour un repas de glucides avec amidon et des légumes ou de la salade.
- Si la moitié de l'assiettée est constituée de glucides avec amidon et que les deux tiers de l'autre moitié sont des légumes ou une salade, alors le dernier tiers devrait contenir la partie protéinée du repas, soit du poisson, soit une viande maigre.
- Retirer tout gras visible de la viande et la peau de la volaille.
- Choisir des produits laitiers pauvres en gras tels que du lait écrémé ou semi-écrémé, des fromages (voir le tableau à gauche), du yogourt et du fromage frais pauvres en gras.
- Consommer une quantité modérée d'œufs par semaine (de 3 à 4).

Le sel et le sucre dans une alimentation cardioprotectrice

Le sel ou chlorure de sodium a été traditionnellement utilisé surtout dans la conservation des aliments. Les méthodes de conservation modernes l'ont cependant déclassé ; pourtant, de nos jours, l'industrie alimentaire continue de fournir des aliments préparés très salés parce que nous sommes habitués à ce goût. Une trop grande consommation de sel entraîne une hausse significative de la tension sanguine, une cause majeure d'accidents vasculaires cérébraux et de crises cardiaques. Il est recommandé de réduire notre consommation de sel de moitié, soit 6 g par jour (1 c. à thé). La tension sanguine a chuté dans les pays qui ont fait des campagnes de prévention pour diminuer l'ingestion de sel et où le chlorure de potassium est utilisé dans les aliments cuits au four et préparés.

Tout comme la diminution du sodium, l'augmentation du potassium semble jouer un rôle important dans la réduction de la tension sanguine. On trouve du potassium en grandes quantités dans les fruits et les légumes.

Le sucre n'est pas directement lié aux cardiopathies, mais les aliments sucrés peuvent ajouter à l'alimentation des calories non désirées et contenir aussi des gras saturés. Dans un régime cardioprotecteur, le sucre naturel est fourni par les fruits de toutes sortes, frais, en conserve et séchés, qui fournissent en plus des antioxydants, des vitamines, des minéraux et du potassium.

Points clés

- Éviter d'ajouter du sel pendant la cuisson et à table. Rehausser plutôt les saveurs naturelles avec des légumes aromatiques, des fines herbes et des épices comme de l'ail, des oignons, des poivrons, du jus de citron, du vinaigre, du gingembre, des piments chilis et des tomates.
- Faire cuire les légumes à la vapeur et au

micro-ondes ; ce sont les meilleurs modes de cuisson pour retenir les nutriments, la saveur et le goût. Les servir dès qu'ils sont cuits.

- Utiliser des aliments frais aussi souvent que possible et éviter les aliments préparés. Une grande quantité du sel ingéré (75 %) provient des aliments préparés.
- Vérifier le contenu en sodium sur les étiquettes des aliments préparés et choisir ceux qui contiennent moins de 0,1 g ou 100 mg par portion pour les plats principaux et 0,1 g ou 100 mg par 100 g pour les goûters.
- Pour connaître la quantité de sel (chlorure de sodium) dans un produit, multiplier le sodium par 2,5. Ex. : 1 g de sodium par 100 g = 2,5 g de sel par 100 g.
- Essayer de ne pas ingérer plus de 2,5 g (2 500 mg) de sodium ou 6,25 g de sel par jour. Cela peut être difficile, car la plupart du sodium ingéré provient des aliments préparés.
- Se rappeler que certains aliments qui ne semblent pas être salés, comme le pain et certaines céréales, peuvent contenir de grandes quantités de sel. Vérifier les étiquettes.
- Le sel gemme et le sel de mer demeurent du sel et devraient être évités. Utiliser un substitut qui contient moins de sodium pour s'habituer à éliminer le sel.
- Les bouillons et les sauces peuvent être sans sel, faits à la maison et rehaussés de purées de légumes tels que des oignons, de l'ail, des tomates et de l'aubergine et additionnés d'un peu de vin pour les sauces. Pour aller plus vite, les bouillons dilués et les sauces peuvent être préparés en utilisant la moitié des quantités habituelles de bouillon en cubes ou de mélange pour sauce.
- Rechercher des légumes, du poisson et des fèves en conserve dans de l'eau plutôt qu'en saumure et choisir des variétés de fèves au four, de pains, d'extrait de levure, de bouillons, de tomates et de sauces soja pauvres en sel.
- Assouvir son besoin de sucre en consommant des fruits frais, en conserve, surgelés ou séchés.
- Rechercher des variétés pauvres en sucre de courges, de boissons gazeuses, de confitures, de marmelades, de gelées, de fèves au four, de sauces tomate et de fruits en conserve dans leur jus.
- Le sel et le sucre peuvent être éliminés des produits en conserve en versant ceux-ci dans une passoire et en les rinçant sous l'eau.

Un mode de vie en soi

Les recettes et les principes contenus dans ce livre ne sont qu'une partie d'un mode de vie pouvant vous mener à une meilleure santé, visant à vous aider à vous mettre en forme, à vous sentir bien et à avoir plus d'énergie. Ce but sera moins difficile à atteindre si vous procédez progressivement plutôt que radicalement. Vous serez surpris de voir à quel point même les plus petites modifications peuvent faire toute une différence.

Lorsqu'on parle de consommation, une approche équilibrée est ce qu'il y a de mieux. Il n'existe pas de bons ou de mauvais aliments et vous pourrez encore vous permettre de temps en temps un petit spécial, sans culpabiliser, pourvu que la majorité du temps vous consommiez :

- Beaucoup de fruits et de légumes, y compris des légumineuses, des noix et des graines
- Beaucoup de pain et d'autres céréales (comme les pâtes, le riz) et des pommes de terre
- Des quantités modérées de lait et de produits laitiers, pauvres en gras lorsque c'est possible
- Des quantités modérées de viande maigre et de poisson
- De petites quantités d'aliments gras ou sucrés

Ne pas fumer et faire beaucoup d'activité physique sont aussi des facteurs importants de ce mode de vie. Si vous demeurez actif et si vous suivez les conseils énumérés ci-dessous, vous contrôlerez votre poids et vous vous sentirez mieux, car vous aurez le contrôle sur votre vie.

La gestion du poids

Le concept est simple, mais la mise en pratique plus difficile ! L'énergie qui provient des aliments que nous consommons chaque jour devrait équivaloir à celle que nous dépensons, tant en ce qui concerne les besoins en énergie de l'organisme que notre activité physique quotidienne. Si nous accumulons plus d'énergie que nous n'en dépensons, il y aura un gain de poids. Notre équilibre énergétique est si délicat qu'il suffit de consommer un biscuit en trop chaque jour pour gagner 2 kg en une année ! Nous devons aussi ingérer 3 500 calories de moins pour perdre 0,5 kg. Cela explique pourquoi il est si difficile de perdre du poids. Il est préférable de maigrir lentement – 0,5 kg par semaine – et de maintenir la perte de poids que de se lancer à corps perdu dans un régime pour reprendre rapidement le poids perdu et suivre de nouveau un régime. En suivant les conseils pour un mode de vie sain proposés dans cet ouvrage, vous serez en mesure d'apporter les changements nécessaires pour contrôler définitivement votre poids en adoptant une alimentation cardioprotectrice et en faisant plus d'exercice physique.

Nourrir la famille

Nous voulons tous donner à nos enfants le meilleur départ dans la vie. Faire les meilleurs choix alimentaires pour eux les aide à adopter de bonnes habitudes en matière d'alimentation et de bonnes attitudes envers les aliments, qui influeront sur leurs goûts et leur bien-être tout au long de leur vie.

Points clés

- Faire participer les enfants au choix, à la planification et à la préparation des repas, ainsi qu'à l'achat des aliments.
- Cuisiner avec les enfants, les encourager à aimer la nourriture et à faire la cuisine afin d'y prendre plaisir.
- Cuisiner un seul plat pour toute la famille afin de pouvoir le déguster ensemble.
- Accompagner toujours les repas de légumes, de pain et d'eau.
- Maintenir une assiette de fruits toujours bien garnie afin d'avoir une variété de produits frais à la portée de la main.
- Accompagner vos mets préférés de nouveaux aliments de temps à autre.

Adapter les recettes familiales traditionnelles.

- Réduire la quantité de gras utilisé.
- Remplacer les gras saturés par des gras monoinsaturés ou polyinsaturés.
- Réduire la consommation de sel.
- Diminuer la quantité de viande et augmenter celle des légumes.
- Dans les pâtés et les tourtes, remplacer la pâte par des pommes de terre en purée.
- Réduire la quantité de sucre utilisée ; le remplacer par des fruits séchés ou du jus de fruit.
- Utiliser du yogourt ou du fromage frais plutôt que de la crème.
- Utiliser du fromage pauvre en gras ou de plus petites quantités de fromages plus forts, par ex. le parmesan.
- Râper le fromage permet d'en utiliser moins.
- Remplacer les sauces à base d'un roux riche en gras par des sauces avec de la fécule de maïs et du lait écrémé ; assaisonner avec de la moutarde et du poivre noir.

Souvenez-vous que de bonnes habitudes alimentaires ne sont qu'une partie d'un mode de vie sain et qu'il est aussi important d'encourager les enfants à être plus actifs et à ne pas fumer. Vivre ensemble dans un environnement pro-actif et donner l'exemple sont des leçons qui n'ont pas de prix.

Une cuisine cardioprotectrice

Une cuisine bien équipée encouragera une alimentation saine :

- Des casseroles de bonne qualité, à fond épais et antiadhésives facilitent une cuisson pauvre en gras, car elles permettent de faire cuire les aliments de façon plus efficace sans gras.
- Des poêles à fond cannelé permettent au gras de s'écouler de la viande et des produits à base de viande pendant la cuisson.
- L'été, le barbecue facilite la cuisson pauvre en gras. L'hiver, les ragoûts, les plats en casserole et les potées encouragent l'infusion saine de nutriments cardioprotecteurs.
- Les cuissons à la vapeur et au micro-ondes sont les meilleures façons de retenir un maximum de nutriments.
- Un wok antiadhésif donne une friture ou une cuisson pauvre en gras, car il nécessite peu d'huile, de bouillon ou de vin.
- De l'eau et de l'huile en vaporisateur permettent une friture à faible teneur en gras, qu'on opte pour une poêle à frire, une poêle à fond cannelé ou la cuisson au four. Il est possible de vaporiser soit le plat, soit les aliments le plus légèrement possible, pour empêcher qu'ils ne se dessèchent pendant la cuisson ou qu'ils ne collent au plat. Mélanger une part d'huile d'excellente qualité pour sept parts d'eau. Utiliser de l'huile de colza pour un usage général, de l'huile d'olive pour une saveur plus riche, de l'huile de noix pour un peu plus de piquant et de l'huile de sésame pour les mets orientaux. Pour rehausser la saveur des huiles, y faire infuser les fines herbes et les épices qu'on préfère.

Vérifier les étiquettes

Il ne sera pas toujours facile de cuisiner à partir d'aliments frais et vous aurez peut-être besoin d'acheter pour vos repas des aliments ou des ingrédients préparés. En vérifiant les information sur les étiquettes, vous pourrez faire des choix sains en préférant des aliments pauvres en gras et en gras saturés, riches en fibres et pauvres en sucre et en sel.

La liste des ingrédients est habituellement donnée sur les étiquettes en ordre décroissant selon le poids. Vous pouvez aussi vous servir des informations nutritives et du tableau de la page 34 pour voir si le produit contient beaucoup ou peu de gras, de gras saturés, de fibres, de sucre ou de sodium.

Pour des repas préparés ou d'autres aliments consommés en grande quantité comme repas principal, vérifiez la quantité par portion. Comparez la taille d'une portion avec la quantité que vous mangez habituellement. Pour les goûters ou d'autres aliments consommés en plus petites quantités, vérifiez l'information donnée « par 100 g ». Vous pouvez aussi utiliser cette information pour comparer les produits et choisir l'option la plus saine.

L'information nutritive pour une lasagne au bœuf prête à manger est donnée dans le tableau ci-dessous. On suggère des portions de 400 g et vous pouvez vous rendre compte que ce plat contient beaucoup de gras, de gras saturés, de sucre et de sel (voir le tableau à la page 34) et que ce n'est pas un choix judicieux.

Guide des quantités quotidiennes

Vous pouvez aussi utiliser les quantités indiquées sur l'emballage pour déterminer

Information nutritive sur un paquet de lasagne au bœuf

COMPOSANTES	PAR 400 G (14 OZ)	PAR 100 G (3 1/2 OZ)
Énergie	2304 kj / 548 kcal	576 kj / 137 kcal
Protéines	34,4 g	8,6 g
Glucides	47,2 g	11,8
Sucres inclus dans les glucides	12,8 g	6,2 g
Gras	24,8 g	6,2 g
Gras saturés inclus dans les gras	14,8 g	3,7 g
Sodium	1,6 g	0,4 g

Une portion de 400 g (14 oz) contient l'équivalent d'approximativement 4 g de sel.

Guide nutritif

BEAUCOUP	UN PEU
20 g de gras	3 g de gras
5 g de gras saturés	1 g de gras saturés
3 g de fibres	0,5 g de fibres
10 g de sucre	2 g de sucre
0,5 g de sodium	0,1 g de sodium

Si vous désirez connaître la quantité de sel (chlorure de sodium) dans le produit, multipliez le sodium par 2,5.

comment cet aliment contribue à votre alimentation pour la journée.

Les données dans le tableau ci-dessous sont pour un homme ou une femme de taille moyenne faisant une activité physique moyenne.

Donc, la lasagne au bœuf, pour un homme, contient environ le quart de la quantité de gras recommandée par jour et la moitié de la quantité de gras saturés. Cela signifie que les aliments que vous consommerez pendant le reste de la journée devront être particulièrement pauvres en gras saturés pour respecter votre guide santé.

Quantités recommandées par jour

	HOMME	FEMME
Énergie	2 500 kcal	2 000 kcal
Gras	95 g	70 g
Gras saturés	30 g	20 g
Fibres	20 g	16 g
Sucre	70 g	50 g
Sodium	2,5 g	2 g

Particularités

Choisissez les aliments qui font valoir les qualités suivantes :

- Choix santé
- Diète / régime, pauvre en calories ou hypocalorique
- Faibles en gras (pas plus de 5 g de gras par 100 g)
- Réduits en gras ou virtuellement sans gras
- Pauvres en sel ou hyposodique
- Sans sucre

Mais en même temps, méfiez-vous :

- Pauvre en gras ou sans gras ne veut pas nécessairement dire peu ou pas de calories, car l'aliment peut être riche en sucre et contenir autant de calories que le produit original.
- Les aliments sans cholestérol peuvent être riches en gras et en calories.
- Sans sucre ne signifie pas pauvre en calories ou en gras ; ces aliments peuvent en contenir beaucoup.

Les repas au restaurant

Nous ne pouvons pas toujours prendre nos repas à la maison. En fait, certains mangent à l'extérieur aussi souvent qu'à la maison, qu'il s'agisse d'une rencontre, d'un sandwich sur l'heure du midi, d'amuse-gueules ou d'occasions spéciales. S'alimenter sainement peut alors représenter un défi, mais n'a rien d'un cauchemar. Si vous ne sortez qu'à l'occasion, ne vous inquiétez pas et appréciez votre sortie ! Si vous mangez souvent à l'extérieur, vous devrez alors utiliser vos connaissances pour choisir des plats sains. Vous ne tarderez pas à adopter les restaurants qui vous permettront facilement de choisir des aliments bons pour la santé et où la nourriture sera délicieuse et saine !

Points clés dans les restaurants

- Prendre un peu de pain, sans y ajouter de beurre. Demander diverses sortes de pain.
- Comme entrées simples, opter pour du jus de fruit frais, un cocktail de melon, des salades avec un peu de vinaigrette à l'huile d'olive. Choisir une soupe aux légumes avec un petit pain.
- Choisir une pomme de terre en robe des champs (sans beurre) avec une variété de garnitures. Ne pas oublier une salade en accompagnement !
- Choisir beaucoup de légumes ou une salade d'accompagnement avec le plat principal. Éviter les salades avec une sauce mayonnaise ; demander plutôt un peu d'huile d'olive et de vinaigre ou une sauce sans huile.
- Choisir des plats cuits à la vapeur, braisés, grillés, cuits sur charbon ou au four.
- Les plats végétariens à base de fèves et de légumineuses avec des pâtes, du riz, des pommes de terre, du pain, accompagnés de légumes et de salade sont de bons choix.
- L'eau est ce qu'il y a de mieux pour étancher la soif et apaiser l'appétit ; toujours en demander pour accompagner les repas.
- Comme dessert, choisir une salade de fruit ou

du jus de fruit frais. Des sorbets ou une glace nature (éviter celles qui sont riches en crème et en calories) terminent bien un repas.

Dans les restaurants italiens

- Choisir des bâtonnets de pain ou du pain ordinaire; éviter le pain à l'ail.
- Choisir une pizza à croûte mince avec garniture aux légumes, jambon, poulet, thon, fruits de mer ou hawaïenne. Ces choix risquent d'être moins gras.
- Choisir des pâtes avec sauce tomate ou aux fruits de mer, par ex. sauce arrabbiata, napolitaine, vongole, primavera, provençale, puttanesca, etc. Éviter les sauces à la crème.
- Les plats italiens traditionnels tels que la lasagne et le spaghetti à la bolonaise peuvent être riches en gras. Certaines lasagnes contiennent plus de gras qu'une assiette de poisson pané avec frites! Leur préférer des cannelloni aux épinards qui remplaceront un peu la viande grasse.

Dans les restaurants indiens

- Choisir les caris les plus secs tels que tandoori et tikka.
- Choisir du riz au safran ou nature.
- Choisir des chapattis ou des pains naan. En cuisine indienne, le ghee est l'équivalent du beurre en matière de gras saturés.
- Ajouter aux caris de généreuses portions de légumes.
- Choisir des sauces à base de tomate, telles que l'agneau rogan josh et le poulet jalfrezi.
- Les madras aux légumes, au poulet et aux crevettes sont valables, ainsi que les plats balti et dupiaza.
- Éviter les plats crémeux tels que les korma, passandra et masala et les plats huileux tels que les bhaji, samosa ou pakhora.

Dans les restaurants chinois

- Choisir des soupes en entrées plutôt que des rouleaux.
- Les plats à l'étuvée, par ex. le poulet avec des fèves germées ou de l'ananas, les chilis aux crevettes ou au crabe sont de bons choix.
- Le chow mein ou le riz bouilli ou à la vapeur sont de bonnes bases d'amidon pour votre repas.
- Les plats sautés contiennent moins de gras que les plats en grande friture.
- Éviter les aliments cuits en grande friture tels que les toasts aux crevettes et les boulettes en sauce aigre-douce.

Dans les restaurants thaïlandais

- Comme entrée, choisir des soupes légères, des salades de fruits de mer et des plats sautés. Éviter les plats en grande friture.
- Choisir du riz à la vapeur ou collant.
- Éviter les plats à base de crème de noix de coco.

Dans les restaurants mexicains

- Comme entrée, choisir une chaudrée au maïs épicée ou une soupe de haricots noirs.
- Commander du riz à la mexicaine et du chili aux légumes.
- Les fajitas et les tortillas sont un bon choix, mais se méfier des enchiladas.
- Le guacamole et les haricots frits contiennent beaucoup de nutriments cardioprotecteurs, mais sont aussi riches en gras, donc en consommer modérément!
- Surveiller la crème sure, les croustilles de tortillas, le fromage et les tortillas en grande friture!

Dans les restaurants service rapide

- Choisir le plus petit hamburger simple, au fromage ou au poulet. Partager la portion de frites et choisir de l'eau, du jus de fruit ou une boisson diète.
- Choisir un sandwich de falafel ou un shish kebab plutôt qu'un doner.
- Opter pour du poisson grillé ou retirer la panure. Partager les frites et ajouter quelques légumes, par ex. des fèves au four ou des pois.

Points clés pour les goûters

- Pour les sandwiches, les bonnes garnitures sont au thon, au saumon, aux sardines, à la viande maigre rôtie, au jambon, au poulet, à la dinde, aux œufs, au fromage édam, au brie, au fromage en crème pauvre en gras, au hoummos, au beurre d'arachides et aux légumes.
- Choisir des sandwiches diététiques, légers et sains. Éviter la mayonnaise et remplacer par de la moutarde, des marinades et du fromage frais.
- Les fruits frais et les salades de fruits ou une poignée de noix fraîches et de fruits séchés font de délicieux goûter.
- Pour les yogourts et les poudings au riz, choisir les variétés pauvres en gras ou légères.
- Brioches aux fruits, scones aux fruits, pain de malt, crumpets et gros bretzels pour un goûter rassasiant.
- Les biscuits au gingembre et aux figues sont de bons choix pauvres en calories.

Pendant les premières années de ma formation, j'ai vite appris que là où il y avait des matières grasses, il y avait de la saveur et, si je suis honnête avec moi-même, je dois admettre que le gras donne un bon goût. Puisque manifestement des problèmes de santé sont associés à une trop grande consommation de matières grasses, les éliminer tout simplement des plats sans aucune compensation donnerait un résultat fade, inintéressant. Nous devons donc nous demander comment éliminer le gras sans pour autant sacrifier le goût.

Il n'y a pas très longtemps, la notion de manger sainement était synonyme de privation et d'aliments ennuyeux. Cependant, de grands chefs tels que Michel Guérard en France et Anton Mosimann au Royaume-Uni ont été parmi les premiers à mettre au point des plats sains, pauvres en gras, nous enseignant à cuisiner sans trop de matières grasses, de crème et de beurre. En y pensant bien, il n'est pas difficile de cuisiner ainsi.

Je peux vous affirmer qu'il ne s'agit pas ici d'un livre de cuisine sur la santé sans intérêt mais d'un ouvrage actuel qui porte sur une alimentation saine, en utilisant uniquement des ingrédients de la meilleure qualité qui soit, et qui fait place à l'imagination, à l'instinct et à la réflexion. Cet ouvrage est le résultat de 30 années passées dans des cuisines professionnelles et des expériences culinaires éclectiques que j'ai vécues lors de mes voyages autour du monde. J'ai conçu plus de 100 recettes, présentées avec amour et avec soin tout en respectant les lignes directrices de la nutrition. Certaines sont des recettes gastronomiques, d'autres sont pour tous les jours ; il y en a pour tous les goûts. Vous apprendrez à manger de façon intelligente, en fonction de votre cœur, mais avant tout, vous n'aurez pas à choisir entre une bonne alimentation et une bonne santé.

Des modes de cuisson sains et pauvres en gras

L'équipement de cuisine

Vous pouvez préparer des repas sains et savoureux avec des casseroles et des ustensiles bien ordinaires, mais je vous recommanderais d'acheter quelques pièces de qualité qui vous faciliteront la tâche et vous aideront à obtenir de meilleurs résultats :

- Une poêle antiadhésive à fond épais
- Une poêle profonde antiadhésive, à fond épais, allant au four
- Une casserole avec couvercle, antiadhésive et à fond épais
- Une rôtissoire antiadhésive
- Une plaque de cuisson antiadhésive

Les grillades

Il s'agit d'une façon extrêmement saine de préparer les aliments, idéale pour la cuisson pauvre en gras, car il suffit de vaporiser une toute petite quantité d'huile sur la viande, le poisson (sauf sur les poissons gras) ou sur les légumes pour les empêcher de coller. Utilisez une plaque pour gril sous un gril traditionnel ou une rôtissoire préchauffée et profitez des mois d'été pour faire des barbecues en plein air.

La cuisson au four

Voilà un autre mode de cuisson pauvre en gras. Je préfère faire cuire de petites pièces de viande ou de poisson sur une plaque de cuisson antiadhésive. Vous pouvez aussi les faire cuire dans une papillote de papier d'aluminium scellée, avec des fines herbes fraîches ou des épices et du bouillon. Ce dernier mode de cuisson est simple. Les jus de cuisson retenus dans le papier d'aluminium peuvent servir pour créer une sauce d'accompagnement.

Le rôtissage

Cette méthode n'est habituellement pas associée à une cuisson saine, car les viandes rôties sont généralement des pièces plus grosses et plus grasses. Achetez une viande aussi maigre que possible. Il vaut mieux faire rôtir de petites pièces de viande et les saisir en premier dans une poêle avec une petite quantité d'huile. Si vous faites rôtir une grosse pièce de viande, placez-la sur une grille dans une rôtissoire afin que le gras puisse s'écouler pendant la cuisson. Ajoutez quelques glaçons dans la rôtissoire ; l'eau aidera le gras à se solidifier et vous pourrez ensuite l'enlever avec une cuillère ou du papier absorbant.

La cuisson à la vapeur

C'est peut-être le mode de cuisson le plus nutritif et il est inutile d'ajouter du gras. Les légumes, le poisson ou la viande, placés au-dessus du liquide de cuisson, sont cuits par la vapeur créée soit par l'eau bouillante, soit par le bouillon. Une simple marguerite placée dans une casserole avec un couvercle bien ajusté suffit, mais vous pouvez aussi utiliser une passoire posée sur une casserole et couverte d'un papier d'aluminium. Les étuveuses en bambou chinoises deviennent de plus en plus populaires et vous pouvez en empiler plusieurs les unes au-dessus des autres, ce qui permet de faire cuire plus d'un aliment à la fois.

Faire pocher et bouillir lentement

Là encore, inutile d'ajouter de l'huile. Tout gras libéré par les aliments pochés peut être éliminé avec du papier absorbant. Les aliments pochés sont habituellement faciles à digérer.

Le braisage

Cela implique de faire cuire la viande, le poisson ou les légumes dans un liquide aromatique dans un plat allant au four. Les aliments sont habituellement saisis dans du beurre ou dans de l'huile avant d'être plongés dans le bouillon. Faites colorer la viande sur toutes ses faces à sec (ou avec un minimum d'huile) dans une poêle antiadhésive avant de la transférer dans le plat de cuisson. Les légumes sont souvent ajoutés à cette étape, avec les fines herbes ou les épices, puis la cuisson se termine au four.

La cuisson au micro-ondes

J'avoue que je n'étais pas amateur du four micro-ondes. Cependant, lors des recherches que j'ai effectuées pour cet ouvrage, j'ai appris à être plus tolérant et je dois admettre que cet

appareil joue un rôle utile dans la cuisson pauvre en gras. L'ajout de matières grasses est rarement nécessaire et la cuisson des légumes se fait dans un tout petit peu de liquide, retenant ainsi tous leurs nutriments sans modifier leur texture ni leur couleur.

Les sautés

Ce mode de cuisson est synonyme de la cuisine orientale que nous aimons tant. C'est aussi un mode de cuisson rapide et nutritif qui ne requiert qu'un peu d'huile ou pas du tout. Les ingrédients cuisent rapidement dans un wok, les légumes conservant tout leur croquant et la viande et le poisson, leur jus.

La friture sèche

Il s'agit de faire saisir la viande ou le poisson dans une poêle antiadhésive très chaude et sans gras ; parfait pour commencer les plats en casserole ou les sauces à la viande comme la sauce bolonaise classique. La friture à sec brunit uniformément la viande et le gras suinte pendant la cuisson de sorte que vous pouvez l'égoutter facilement. Si vous devez ajouter du gras, utilisez de l'huile et de l'eau en vaporisateur (voir page 33).

La friture par évaporation

On fait sauter les légumes hachés dans une poêle ou un wok antiadhésif avec une petite quantité d'eau ou de bouillon qui remplace l'huile. Le liquide s'évapore, amenant les légumes à dégager leurs saveurs naturelles et à caraméliser légèrement. Une excellente façon de libérer les saveurs sans utiliser de gras.

Conseils du chef

- Les casseroles avec de la viande, des légumes et des légumineuses ou des céréales font de délicieux repas rassasiants.
- Les fines herbes et les épices fournissent une saveur intense pour compenser l'absence de gras. Les herbes séchées sont bonnes, mais leur arôme et leur goût ne se comparent pas à ceux des herbes fraîches. Les épices fraîches devraient idéalement être grillées pour maximiser leur saveur avant de les ajouter aux mets. Les fines herbes fraîches donneront plus d'effet si elles sont ajoutées au dernier moment.
- La viande et le poisson marinés dans du yogourt pauvre en gras, des épices, des fines herbes, des vinaigres aromatisés et des sauces de style asiatique comme la sauce teriyaki ou la sauce de chili sucrée ajouteront de la tendreté et plus de saveur.
- Préparez vos propres bouillons et sauces faibles en gras et congelez les restes pour une utilisation ultérieure. Vous pouvez aussi utiliser le liquide de cuisson des légumes.
- Lorsque vous préparez des soupes, des ragoûts et des plats en casserole, écumez le gras qui monte à la surface pendant la cuisson. Préparez-les une journée à l'avance, puis réfrigérez-les toute la nuit. Le gras remontera à la surface et s'y solidifiera. Vous pourrez alors l'enlever facilement. De plus, ces plats sont plus savoureux lorsqu'ils sont réchauffés.
- Utilisez des blancs d'œufs pour lier les farces ou pour paner les aliments parce qu'ils ne contiennent pas de gras. En général, dans une recette, remplacez un œuf entier par deux blancs d'œufs.
- Pour la cuisson, la margarine molle pauvre en gras doit contenir un minimum de 40 % de gras.
- Prenez garde lorsque vous cuisinez avec des produits laitiers écrémés ou pauvres en gras tels que du yogourt et des fromages, car ils forment des grumeaux lorsqu'ils ont bouilli. Laissez-les atteindre d'abord la température ambiante, puis ajoutez-les au plat hors du feu. Le lait écrémé peut être bouilli, mais il se séparera s'il est mélangé à des jus acides provenant de citrons ou de tomates.
- Remplacez la crème par du lait écrémé et épaississez la sauce avec de la fécule de maïs ou de la farine, en ajoutant une cuillerée de fromage frais pauvre en gras avant de servir.
- La purée d'ail rôti est un de mes ajouts préférés dans un plat et j'en garde toujours sous la main. Mettez simplement des gousses d'ail non pelées dans le micro-ondes et faites-les cuire pendant 6 à 8 minutes à la puissance maximum jusqu'à ce qu'elles ramollissent. Laissez-les refroidir avant de les éplucher, puis écrasez-les au mortier ou réduisez-les en purée au mélangeur. Conservez cette purée dans un contenant hermétique.

Des bouillons simples et pauvres en gras

Il est facile de préparer vos propres bouillons et vous pouvez les réaliser 4 jours à l'avance et les conserver à couvert au réfrigérateur. Assurez-vous de les dégraisser après les avoir réfrigérés toute la nuit. Si vous devez les conserver plus longtemps, il est préférable de les congeler en petites quantités. Les bouillons préparés sont maintenant offerts dans les supermarchés, mais surveillez leur teneur en sel. Il est aussi possible d'utiliser des bouillons en cubes ou en poudre. Un petit cube de bouillon émietté mélangé à 600 ml (2 ½ tasses) d'eau donnera un bouillon relativement concentré. Cependant, vérifiez la teneur en sel des bouillons en cubes et en poudre.

Tous ces bouillons pauvres en gras, par 500 ml (2 tasses) : 14 kcal, 0,2 g de gras, 0 g de gras saturés, 0,65 g de sodium

Bouillon de bœuf

2 kg (4 lb) d'os de bœuf charnus
2 oignons moyens, hachés
2 branches de céleri, hachées
2 carottes moyennes, hachées
1 feuille de laurier
10 ml (2 c. à thé) de poivre noir en grains
5 litres (20 tasses) d'eau

Mettre les os de bœuf et les oignons dans un plat allant au four et les faire cuire pendant 1 heure dans un four chaud ou jusqu'à ce que les os et les oignons soient bien dorés. Les transférer dans une grande casserole, puis ajouter le céleri, les carottes, la feuille de laurier, le poivre et l'eau. Laisser mijoter à découvert pendant 3 heures, puis filtrer.

Donne environ 2,5 litres (10 tasses)

Bouillon de poulet

2 kg (4 lb) d'os de poulet
2 oignons moyens, hachés
2 branches de céleri, hachées
2 carottes moyennes, hachées
1 feuille de laurier
10 ml (2 c. à thé) de poivre noir en grains
5 litres (20 tasses) d'eau

Mettre tous les ingrédients dans une grande casserole. Laisser mijoter à découvert pendant 2 heures, puis filtrer.

Donne 2,5 litres (10 tasses)

Fumet de poisson

1,5 kg (3 lb) d'arêtes de poisson
3 litres (12 tasses) d'eau
1 oignon moyen, haché
2 branches de céleri, hachées
1 feuille de laurier
5 ml (1 c. à thé) de poivre noir en grains

Mettre tous les ingrédients dans une grande casserole. Laisser mijoter à découvert pendant 20 minutes, puis filtrer.

Donne 2,5 litres (10 tasses)

Bouillon de légumes

1 grosse carotte, hachée
1 gros panais, haché
2 oignons moyens, hachés
6 branches de céleri, hachées
1 feuille de laurier
10 ml (2 c. à thé) de poivre noir en grains
3 litres (12 tasses) d'eau

Mettre tous les ingrédients dans une grande casserole. Laisser mijoter pendant 1 heure, puis filtrer.

Donne environ 1,25 litre (5 tasses)

1 Petits déjeuners et brunches

Compote de fruits parfumée *En tant que chef, je trouve quelque peu ennuyeuse la compote de fruits habituelle; j'ai donc décidé de lui donner une petite touche du Moyen-Orient en y ajoutant un peu d'épices parfumées et de saveur, au lieu du sirop de sucre traditionnel.* **Donne 4 portions**

- Jus et zeste de 1 orange
- 5 ml (1 c. à thé) de cannelle moulue
- 2 clous de girofle
- 30 ml (2 c. à soupe) de miel de fleur d'oranger
- 50 g (2 oz) de raisins de Smyrne
- 300 g (11 oz) d'un mélange de fruits séchés (abricots, pruneaux, figues)
- 15 ml (1 c. à soupe) d'eau de fleur d'oranger
- Jus de ½ citron
- 50 g (2 oz) d'amandes blanchies
- 30 g (1 oz) de noix de pin

Mettre le jus et le zeste d'orange, la cannelle et les clous de girofle dans une casserole avec 150 ml (⅔ de tasse) d'eau et porter à ébullition. Ajouter le miel et les raisins de Smyrne et faire pocher 2 à 3 minutes.

Couper les fruits séchés en bouchées et les mettre dans la casserole. Faire cuire 1 minute; retirer du feu. Laisser refroidir, puis réfrigérer toute la nuit.

Une heure avant de servir, ajouter l'eau de fleur d'oranger et le jus de citron. Laisser reposer à la température ambiante pour permettre aux saveurs de se mélanger.

Répartir la compote entre 4 bols, parsemer d'amandes et de noix de pin et servir.

Par portion : 320 kcal, 13 g de gras, 1 g de gras saturés, 0,03 g de sodium

Coupe glacée du matin *Choisissez quelques fruits exotiques colorés et savoureux et vous obtiendrez une coupe glacée rafraîchissante qui vous fournira instantanément une bonne quantité de fruits pour la journée. Les amandes aideront aussi à faire baisser les taux de cholestérol.* **Donne 4 portions**

- 1 mangue, pelée et coupée en morceaux de 1 cm (½ po)
- 1 papaye, pelée, coupée en deux, les graines retirées
- 2 kiwis, pelés et coupés en morceaux de 1 cm (½ po)
- 1 banane, pelée et coupée en rondelles épaisses
- 125 g (¼ de lb) de fraises, coupées en deux
- Jus et zeste de 1 orange
- 15 ml (1 c. à soupe) de menthe, hachée grossièrement
- 4 boules de Sorbet à la ricotta (voir page 154)
- 150 ml (⅔ de tasse) de yogourt nature pauvre en gras
- 2 fruits de la passion, coupés en deux
- 30 ml (2 c. à soupe) d'amandes effilées, grillées

Mettre les fruits dans un bol, sauf les fruits de la passion, ajouter le jus et le zeste d'orange et la menthe; réfrigérer 30 minutes.

Pour servir, déposer une boule de sorbet à la ricotta dans 4 verres pour coupes glacées refroidis. Garnir de fruits, puis de yogourt. Évider les fruits de la passion de leur pulpe et de leurs graines et les parsemer sur la garniture.

Parsemer d'un peu d'amandes et servir immédiatement.

Par portion : 306 kcal, 8 g de gras, 3 g de gras saturés, 0,08 g de sodium

Galettes légères au babeurre et aux petits fruits

Ces galettes légères et délicieuses sont faites avec du babeurre, qu'on peut remplacer par du lait écrémé ou par un mélange de 125 ml (½ tasse) de yogourt pauvre en gras et de 250 ml (1 tasse) de lait écrémé. **Donne 4 portions**

450 g (1 lb) de farine tout usage
1 pincée de sel
600 ml (2 ½ tasses) de babeurre
15 g (½ oz) de levure fraîche
1 grosse pincée de bicarbonate de soude
60 ml (¼ de tasse) d'eau tiède
Huile et eau en vaporisateur (voir page 33)
Zeste de 1 citron
Yogourt nature pauvre en gras, pour servir (facultatif)

Pour les fruits :

40 g (1 ½ oz) de sucre
250 g (½ lb) de petits fruits tels que fraises, framboises, mûres, myrtilles (bleuets)
30 ml (2 c. à soupe) de miel
Jus de 1 citron

Mettre la farine et le sel dans un grand bol et creuser un puits au centre. Faire chauffer le babeurre jusqu'à ce qu'il soit tiède, y faire dissoudre la levure, puis verser dans le puits.

Mélanger avec les mains jusqu'à l'obtention d'une pâte. Couvrir d'un linge et faire lever la pâte 1 heure environ dans un endroit chaud. Mêler le bicarbonate de soude et l'eau tiède et battre dans la pâte. Laisser reposer 1 heure. Incorporer le zeste de citron et attendre 10 minutes.

Faire chauffer à feu doux une poêle antiadhésive, puis l'arroser d'un peu d'huile et d'eau en vaporisateur. Y déposer de petits anneaux en métal ou des emporte-pièces peu profonds.

Verser environ 1 cm (½ po) de pâte dans les anneaux et faire cuire à feu doux jusqu'à ce que de petits creux apparaissent à la surface de la pâte. Retourner et poursuivre la cuisson quelques minutes. Faire cuire 7 autres galettes de la même façon et garder au chaud.

Pour les fruits, mettre le sucre dans une casserole avec 45 ml (3 c. à soupe) d'eau et porter lentement à ébullition. Ajouter les fruits, faire cuire 1 minute, ajouter le miel et le jus de citron, laisser refroidir légèrement.

Servir les galettes garnies de fruits et d'un peu de yogourt pauvre en gras, si désiré.

Par portion : 522 kcal, 3 g de gras, 1 g de gras saturés, 0,47 g de sodium

Croustillant aux fruits *J'ai l'habitude de toujours commencer la journée par une grande tasse de café. Cependant, de temps à autre, j'aime bien le goût frais d'un petit déjeuner aux fruits. Voici donc ma recette de croustillant aux fruits avec une garniture croquante au granola.* **Donne 4 portions**

2 pêches mûres
100 g (¼ de lb) de framboises
1 mangue
150 g (5 oz) de bleuets (myrtilles)
150 g (5 oz) de fraises, coupées en deux
15 ml (1 c. à soupe) de jus de citron
2 ml (½ c. à thé) de cannelle moulue
Confiture aux framboises de bonne qualité
100 ml (⅓ de tasse) de fromage frais semi-écrémé, pour servir

Pour la garniture :
100 g (¼ de lb) de granola
30 g (1 oz) de farine complète
30 g (1 oz) de cassonade
30 g (1 oz) de margarine molle pauvre en gras

Préchauffer le four à 220 °C / 425 °F / 7 au four à gaz.
Faire blanchir les pêches dans de l'eau bouillante 1 minute, les retirer avec une cuillère à égoutter et les passer rapidement sous l'eau froide. Peler, couper en deux, dénoyauter et couper en tranches épaisses.
Mettre tous les fruits dans un bol et les mélanger avec le jus de citron et la cannelle. Disposer joliment les fruits dans 4 plats individuels allant au four.
Pour préparer la garniture, mélanger tous les ingrédients dans un bol.
Parsemer la garniture sur les fruits. Faire cuire au four de 5 à 6 minutes ou jusqu'à ce que la garniture soit dorée et croustillante, puis sortir du four.
Entre-temps, faire chauffer la confiture avec 30 ml (2 c. à soupe) d'eau jusqu'à ce qu'elle se liquéfie. Verser sur la garniture et servir chaud avec une bonne cuillerée de fromage frais.

Par portion : 301 kcal, 5 g de gras, 1 g de gras saturés, 0,16 g de sodium

Muesli au germe de blé *Mélangez des céréales, des noix et des fruits pochés avec un peu de miel et vous obtiendrez un petit déjeuner des plus sains. Le germe de blé renferme de la vitamine B et est souvent utilisé comme supplément alimentaire. On le trouve facilement dans les épiceries d'aliments naturels.* **Donne 4 portions**

125 g (¼ de lb) de germe de blé biologique
300 ml (1 ¼ tasse) de jus de pomme
2 pommes Granny Smith, pelées, évidées et râpées
250 g (½ lb) de yogourt nature pauvre en gras
100 g (¼ de lb) de noix mélangées (amandes, noix de cajou, noix de macadamia), grossièrement hachées
65 ml (¼ de tasse) de miel
30 ml (2 c. à soupe) de jus de citron
150 g (5 oz) de fruits pochés (poires, abricots, pruneaux)

Mettre le germe de blé dans un bol, arroser de jus de pomme, couvrir d'un linge et laisser macérer toute la nuit à la température ambiante.
Le lendemain, ajouter les pommes, le yogourt, les noix, la moitié du miel et le jus de citron; bien mélanger.
Déposer à la cuillère dans 4 bols, garnir de fruits pochés et arroser avec le reste du miel pour servir.

Par portion : 438 kcal, 19 g de gras, 1 g de gras saturé, 0,06 g de sodium

Crêpes aux bananes et à la cannelle avec sirop d'érable aux raisins secs

Un vrai régal pour tous les amoureux des petits déjeuners; parfait pour les brunches tardifs. Pour qu'il soit vraiment nutritif, optez pour le lait de soja au lieu du lait semi-écrémé. Donne 4 portions

150 g (5 oz) de farine à pâtisserie
50 g (2 oz) de cassonade
7 ml (1 ½ c. à thé) de cannelle moulue
125 ml (½ tasse) de lait de soja ou de lait semi-écrémé
1 jaune d'œuf
2 blancs d'œufs
4 bananes moyennes
100 ml (⅓ de tasse) de sirop d'érable
45 ml (3 c. à soupe) de raisins secs, réhydratés dans de l'eau tiède, puis égouttés
30 ml (2 c. à soupe) de sucre glace

Mettre la farine dans un bol et ajouter la cassonade, la cannelle, le lait et le jaune d'œuf. Bien mélanger au fouet. Battre les blancs d'œufs en neige molle et incorporer délicatement au premier mélange.

Faire chauffer une petite poêle antiadhésive. Verser au centre environ 65 ml (¼ de tasse) de pâte et imprimer un mouvement de rotation à la poêle pour que la pâte en couvre tout le fond. Faire dorer des deux côtés à feu moyen, en retournant la crêpe une fois pendant la cuisson. Préparer 7 autres crêpes de la même façon et garder au chaud.

Peler les bananes et les couper en rondelles épaisses. Faire chauffer le sirop d'érable et les raisins dans une petite casserole et, lorsque le mélange atteint une forte ébullition, ajouter les bananes et 30 ml (2 c. à soupe) d'eau. Poursuivre la cuisson à feu vif de 2 à 3 minutes environ, jusqu'à ce que les bananes soient dorées et caramélisées.

Répartir les crêpes entre 4 assiettes et les saupoudrer de sucre glace. Garnir de bananes caramélisées et arroser du reste de sirop aux raisins pour servir.

Par portion : 428 kcal, 3 g de gras, 1 g de gras saturés, 0,19 g de sodium

Harengs à la farine d'avoine et à la moutarde

Le hareng est un poisson merveilleux – très savoureux et rempli de délices sains – ignoré de bien des gens à l'exception peut-être des Scandinaves, qui l'apprêtent de nombreuses façons. Voici ma recette préférée. Donne 4 portions

4 harengs moyens de 120 g (¼ de lb), en filets
Poivre noir fraîchement moulu
15 ml (1 c. à soupe) de moutarde préparée
50 g (2 oz) de panure blanche fraîche
75 g (3 oz) de farine d'avoine fine
Huile et eau en vaporisateur (voir page 33)
1 citron, coupé en quartiers

Pour la sauce tartare aux câpres :
50 ml (¼ de tasse) de mayonnaise hypocalorique
50 ml (¼ de tasse) de yogourt nature pauvre en gras
30 ml (2 c. à soupe) de très petites câpres, rincées et hachées
30 ml (2 c. à soupe) de persil plat, grossièrement haché
Trait de jus de citron

Faire chauffer le gril au maximum.

Avec un petit couteau, entailler légèrement chaque côté des filets de hareng sans les transpercer. Assaisonner de poivre noir au goût et les badigeonner de moutarde.

Mélanger la panure et la farine d'avoine dans un bol, puis en parsemer les harengs d'une couche uniforme. Retourner avec précaution et enrober l'autre face de la même façon.

Enduire légèrement une plaque de cuisson d'huile et d'eau en vaporisateur. Y déposer les filets de hareng et faire griller de 2 à 3 minutes de chaque côté.

Entre-temps, préparer la sauce tartare. Mélanger la mayonnaise et le yogourt dans un bol avec les câpres et le persil. Ajouter le jus de citron et assaisonner au goût.

Servir les harengs grillés avec des quartiers de citron et une bonne cuillerée de câpres.

Par portion : 399 kcal, 22 g de gras, 4 g de gras saturés, 0,52 g de sodium

Tortilla de saumon fumé

La tortilla sert ici de base à une pizza. En plus d'être vraiment savoureuse, cette recette permet d'utiliser agréablement les restes de saumon fumé. Les tortillas se congèlent facilement et font, en un rien de temps, la croûte à pizza idéale. **Donne 4 portions**

- 5 ml (1 c. à thé) d'huile non saturée
- 1 petit oignon, haché finement
- 400 g (14 oz) de tomates en conserve, hachées
- 15 ml (1 c. à soupe) de purée de tomate
- 2 filets d'anchois en conserve, égouttés et hachés finement
- Poivre noir fraîchement moulu
- 4 tortillas souples de farine de blé de 20 cm (8 po) de diamètre
- 400 g (14 oz) de saumon fumé, haché grossièrement
- 2 ciboules, en filaments
- 30 ml (2 c. à soupe) d'aneth, haché grossièrement, et un peu plus pour garnir
- 25 g (1 oz) de mozzarella semi-écrémée, râpée grossièrement

Préchauffer le four à 220 °C / 425 °F / 7 au four à gaz.

Dans une petite poêle, faire chauffer l'huile, puis y faire ramollir l'oignon à feu moyen 2 minutes. Ajouter les tomates, la purée de tomate et les anchois et faire cuire de 6 à 8 minutes ou jusqu'à ce que le mélange ait une consistance épaisse. Assaisonner de poivre noir au goût.

Étaler uniformément le mélange aux tomates sur 4 tortillas, puis répartir dessus le saumon fumé, les ciboules et l'aneth.

Parsemer de mozzarella, déposer sur une grande plaque de cuisson et faire cuire de 3 à 5 minutes, ou jusqu'à ce que le fromage soit fondu.

Parsemer d'aneth, détailler chaque tortilla en 4 pointes et servir.

Par portion: 340 kcal, 10 g de gras, 2 g de gras saturés, 2,59 g de sodium

Muffins à la framboise et à l'orange

Les Américains ont depuis longtemps une passion pour les crêpes, les muffins et les scones qu'ils consomment à toute heure du jour. Je ne comprenais pas vraiment jusqu'à ce que je découvre tout récemment combien ils pouvaient être délicieux au petit déjeuner ou comme goûter. **Donne 12 muffins**

- 275 g (10 oz) de farine, tamisée
- 15 ml (1 c. à soupe) de levure chimique, tamisée
- 110 g (¼ de lb) de sucre
- 15 ml (1 c. à soupe) de zeste d'orange râpé
- 1 gros œuf
- 250 ml (1 tasse) de babeurre
- 60 ml (¼ de tasse) d'huile non saturée
- 150 g (5 oz) de framboises fraîches ou surgelées

Préchauffer le four à 200 °C / 400 °F / 6 au four à gaz.

Mettre la farine et la levure chimique dans un bol. Ajouter le sucre et le zeste d'orange, bien mélanger, puis creuser un puits au centre.

Mélanger l'œuf, le babeurre et l'huile, puis verser dans le puits et mélanger. Ajouter les framboises et incorporer délicatement à la préparation.

Déposer un moule en papier dans chacune des cavités d'un moule à 12 muffins. Déposer à la cuillère la pâte dans les moules en papier.

Faire cuire au four 25 minutes, ou jusqu'à ce que les muffins soient dorés. Laisser refroidir avant de consommer.

Par portion: 166 kcal, 5 g de gras, 0 g de gras saturés, 0,17 g de sodium

Porridge à la mangue, à la noix de coco et au sucre de palme *Ce porridge inhabituel est crémeux et succulent. La mangue donne au sucre et au lait de coco une saveur fruitée équilibrée. Pour un porridge encore meilleur, faites tremper les flocons d'avoine dans du lait pendant toute la nuit.* **Donne 4 portions**

200 g (7 oz) de flocons d'avoine
400 ml (1 ⅔ tasse) de lait de coco non sucré, pauvre en gras
40 g (1 ½ oz) de sucre de palme ou de cassonade
1 mangue

Mettre les flocons d'avoine dans un bol, ajouter le lait et couvrir d'une pellicule de plastique. Laisser reposer toute la nuit au réfrigérateur.
Mettre le mélange aux flocons d'avoine dans une casserole avec 350 ml (1 ⅓ tasse) d'eau. Ajouter le sucre et porter lentement à ébullition, en remuant continuellement. Baisser le feu et laisser mijoter, à découvert, pendant environ 5 minutes ou jusqu'à ce que le mélange épaississe.
Entre-temps, peler la mangue et la détailler en tranches épaisses, en jetant le noyau. Servir le porridge à la noix de coco garni de tranches de mangue ou d'un peu de yogourt pauvre en gras avec de la vanille fraîche.

Par portion : 342 kcal, 13 g de gras, 8 g de gras saturés, 0,1 g de sodium

Œufs à l'espagnole au paprika fumé *J'ai toujours aimé la cuisine rustique d'Espagne : pas de cérémonies, pas de tracas, simplement une bonne cuisine consistante qui déborde de saveurs. Recherchez le paprika fumé d'Espagne.* **Donne 4 portions**

5 ml (1 c. à thé) d'huile d'olive
1 oignon, haché finement
1 gousse d'ail, écrasée
50 g (2 oz) de pommes de terre nouvelles, cuites, pelées et coupées en dés de 1 cm (½ po)
50 g (2 oz) de jambon maigre cuit, coupé en dés de 1 cm (½ po)
2 ml (½ c. à thé) de paprika fumé
400 g (14 oz) de tomates en conserve, hachées finement
50 g (2 oz) de petits pois frais ou surgelés, cuits
40 g (1 ½ oz) de chorizo, en tranches minces
Poivre noir fraîchement moulu
4 petits œufs
Huile et eau en vaporisateur (voir page 33)

Préchauffer le four à 170 °C / 325 °F / 3 au four à gaz.
Faire chauffer l'huile d'olive dans une poêle antiadhésive de taille moyenne. Ajouter l'oignon, l'ail et 30 ml (2 c. à soupe) d'eau, couvrir et faire suer de 2 à 3 minutes, jusqu'à ce que les oignons soient ramollis.
Ajouter les pommes de terre et le jambon, saupoudrer de paprika fumé et faire cuire 1 minute pour que les pommes de terre et le jambon s'imprègnent bien de paprika.
Ajouter les tomates, monter le feu et faire cuire jusqu'à ce que le mélange ait la consistance d'une sauce, pendant environ 10 minutes. Ajouter les petits pois et le chorizo et poivrer au goût.
Mettre un peu d'huile et d'eau en vaporisateur dans 4 ramequins, puis y répartir le mélange aux tomates. Avec une petite cuillère, pratiquer un creux au centre de chaque ramequin. Y casser un œuf. Poivrer.
Mettre les ramequins sur une plaque de cuisson et faire cuire au four de 8 à 10 minutes ou jusqu'à ce que les blancs d'œufs soient pris et les jaunes, encore liquides.
Déposer chaque ramequin sur une assiette et servir avec du pain de campagne.

Par portion : 165 kcal, 9 g de gras, 3 g de gras saturés, 0,35 g de sodium

2

Soupes et salades

Gaspacho à la thaï

Une variante de la soupe aux légumes froide qui est une spécialité andalouse traditionnellement préparée avec de l'ail, des tomates et du concombre, à laquelle j'ai ajouté des saveurs asiatiques. Le pain donne de la consistance pour ceux qui le désirent. **Donne 4 portions**

- 2 tranches de pain blanc
- 400 g (14 oz) de tomates mûres, mais fermes, concassées
- 1 oignon, haché
- ½ concombre
- 1 poivron vert, épépiné et haché
- 2 gousses d'ail, écrasées
- 60 ml (¼ de tasse) de vinaigre de vin rouge
- 2 tiges de citronnelle, hachées
- 5 ml (1 c. à thé) de pâte de cari rouge
- 1 feuille de limier kaffir
- 10 feuilles de basilic thaïlandais, plus quelques-unes pour garnir
- 150 ml (⅔ de tasse) de jus de tomate
- 5 ml (1 c. à thé) de sucre semoule
- 1 morceau de gingembre de 2,5 cm (1 po), haché
- 15 ml (1 c. à soupe) de ketchup aux tomates

Faire tremper le pain dans de l'eau pendant 10 minutes, puis l'égoutter en le pressant.
Mettre le pain dans un grand bol, ajouter le reste des ingrédients et bien mélanger. Laisser macérer au réfrigérateur de préférence toute la nuit.
Retirer la feuille de limier, puis réduire le mélange en purée au mélangeur. Passer au tamis à gros trous et conserver au réfrigérateur jusqu'au moment de servir.
Servir bien froid, garni de feuilles de basilic thaïlandais.

Par portion : 98 kcal, 1 g de gras, 0 g de gras saturés, 0,26 g de sodium

Soupe perse à l'oignon et à la menthe

Une soupe aux saveurs typiques d'épices et de menthe fraîche du Moyen-Orient, qui se sert en toute saison comme repas léger l'été ou comme entrée chaude l'hiver. Les herbes fraîches maximiseront les saveurs. **Donne 4 portions**

- Huile et eau en vaporisateur (voir page 33)
- 4 gros oignons, tranchés mince
- 5 ml (1 c. à thé) de sucre
- 1 ml (¼ de c. à thé) de curcuma
- ½ ml (⅛ de c. à thé) de cannelle moulue
- ½ ml (⅛ de c. à thé) de cardamome moulue
- 30 ml (2 c. à soupe) de farine
- 1 litre (4 tasses) de bouillon de poulet (voir page 39)
- 45 ml (3 c. à soupe) de jus de citron
- 45 ml (3 c. à soupe) de jus de lime
- 30 ml (2 c. à soupe) de feuilles de menthe hachées

Faire chauffer un peu d'huile et d'eau en vaporisateur dans une casserole à fond épais. Ajouter les oignons, le sucre, le curcuma, la cannelle, la cardamome et 60 ml (¼ de tasse) d'eau, couvrir et faire cuire à feu moyen pendant 10 à 15 minutes, en remuant régulièrement jusqu'à ce que le liquide soit évaporé et les oignons, tendres, caramélisés et dorés.
Saupoudrer de farine et faire cuire à feu doux 2 minutes. Ajouter progressivement le bouillon de poulet, en remuant continuellement, puis porter à ébullition. Baisser le feu et laisser mijoter 40 minutes.
Mélanger le jus de citron et le jus de lime, incorporer à la soupe et laisser mijoter encore 10 minutes.
Incorporer la menthe et servir immédiatement.

Par portion : 107 kcal, 1 g de gras, 0 g de gras saturés, 0,33 g de sodium

Soupe à la citrouille et aux tortillas

Une soupe que j'ai créée par hasard, après une fête d'Halloween pour enfants, alors qu'il me restait une citrouille inutilisée. Le paprika fumé donne une saveur réconfortante, parfaite pour un repas hivernal ! **Donne 4 portions**

- Huile et eau en vaporisateur (voir page 33)
- 600 g (1 ¼ lb) de chair de citrouille, coupée en petits morceaux
- 7 ml (½ c. à soupe) de paprika fumé
- 1 oignon, haché
- 1 blanc de poireau, haché
- 2 gousses d'ail, écrasées
- 4 tortillas de maïs, en petits morceaux
- 850 ml (3 ½ tasses) de bouillon de poulet ou de légumes (voir page 39)
- 100 ml (⅓ de tasse) de lait écrémé
- 30 ml (2 c. à soupe) de persil plat haché
- Poivre noir fraîchement moulu

Faire chauffer un peu d'huile et d'eau en vaporisateur dans une casserole antiadhésive. Saupoudrer les morceaux de citrouille de paprika fumé et les faire revenir de 10 à 12 minutes dans la casserole avec 30 ml (2 c. à soupe) d'eau, à couvert, jusqu'à ce qu'ils colorent légèrement.

Ajouter l'oignon, le poireau, l'ail et les tortillas, couvrir et faire suer les légumes de 8 à 10 minutes.

Mouiller avec le bouillon et porter à ébullition, baisser le feu et faire cuire 20 minutes à léger frémissement, jusqu'à ce que la citrouille soit tendre. Ajouter le lait et bien mélanger. Au mélangeur, réduire en une purée lisse, puis remettre dans la casserole et réchauffer.

Ajouter le persil, assaisonner de poivre noir au goût et servir.

Par portion : 221 kcal, 5 g de gras, 1 g de gras saturés, 0,91 g de sodium

Soupe froide au yogourt, safran et hoummos

Une délicieuse soupe d'été avec des saveurs parfumées de l'est de la Méditerranée. L'hoummos (qui en arabe signifie pois chiches) est en fait une purée de pois chiches et de tahini. **Donne 4 portions**

- 5 ml (1 c. à thé) d'huile d'olive
- 1 oignon, haché
- 2 gousses d'ail, hachées
- 5 ml (1 c. à thé) de cumin moulu
- 1 pincée de safran
- 310 g (¾ de lb) de pois chiches secs, ayant trempé toute la nuit
- 750 ml (3 tasses) de bouillon de légumes (voir page 39)
- 15 ml (1 c. à soupe) de tahini (pâte de sésame)
- 100 ml (⅓ de tasse) de yogourt nature pauvre en gras
- Jus de 1 citron
- 30 ml (2 c. à soupe) de feuilles de coriandre hachées
- 1 pincée de paprika
- Poivre noir fraîchement moulu

Faire chauffer l'huile dans une casserole, ajouter l'oignon, l'ail, le cumin et 30 ml (2 c. à soupe) d'eau et couvrir. Baisser le feu et faire cuire 5 minutes. Retirer le couvercle, ajouter le safran et poursuivre la cuisson 2 minutes. Ajouter les pois chiches égouttés, mouiller avec le bouillon de légumes, ramener à ébullition, puis baisser le feu et faire cuire de 40 à 45 minutes jusqu'à ce que les pois chiches soient tendres.

Au mélangeur, réduire en une purée lisse avec le tahini.

Verser dans un bol et bien faire refroidir au réfrigérateur. Ajouter le yogourt, le jus de citron et la coriandre hachée. Assaisonner de poivre noir au goût et servir froid, saupoudré de paprika.

Par portion : 315 kcal, 8 g de gras, 2 g de gras saturés, 0,3 g de sodium

Soupe aux marrons, au lait de coco et à la coriandre

Avec un trait de jus de citron et de la coriandre fraîche, cette soupe est une de mes préférées. Les marrons sont surtout utilisés dans les farces, mais on peut aussi les incorporer dans les soupes. Les végétariens peuvent remplacer le bouillon de poulet par du bouillon de légumes. **Donne 4 portions**

- 600 ml (2 ½ tasses) de bouillon de poulet (voir page 39)
- 1 gousse d'ail, écrasée
- 1 oignon, haché
- 1 blanc de poireau, haché
- 2 tiges de citronnelle, hachées finement
- 50 g (2 oz) de riz à grain long
- 200 g (7 oz) de purée de marrons non sucrée en conserve
- 250 ml (1 tasse) de lait de coco non sucré pauvre en gras
- Jus de ½ lime
- 60 ml (¼ de tasse) de feuilles de coriandre hachées grossièrement
- Poivre noir fraîchement moulu

Mettre le bouillon de poulet dans une casserole avec l'ail, l'oignon, le poireau et la citronnelle et faire cuire 10 minutes. Ajouter le riz, la purée de marrons et le lait de coco, ramener à ébullition, baisser le feu et laisser mijoter de 20 à 25 minutes.

Retirer du feu, ajouter le jus de lime, puis réduire au mélangeur en une purée lisse. Ajouter un peu de lait de coco au besoin, filtrer et remettre dans la casserole pour réchauffer.

Incorporer la coriandre, assaisonner de poivre noir au goût et servir.

Par portion : 195 kcal, 8 g de gras, 6 g de gras saturés, 0,34 g de sodium

Soupe aigre-douce aux palourdes

Une soupe légère aux accents orientaux, délicate et aux saveurs intéressantes. J'utilise des palourdes, un ingrédient que j'aime particulièrement, mais vous pouvez les remplacer par des moules ou par un mélange de fruits de mer. On peut trouver dans les supermarchés des paquets de fruits de mer mélangés précuits.

Donne 4 portions

- 5 ml (1 c. à thé) de sucre
- 15 ml (1 c. à soupe) de jus de lime
- 15 ml (1 c. à soupe) de sauce soja pauvre en sel
- 750 ml (3 tasses) de bouillon de poulet (voir page 39)
- 1 gousse d'ail, écrasée
- 4 ciboules, en filaments
- 75 g (3 oz) de champignons shiitake, tranchés
- 1 morceau de gingembre frais de 2,5 cm (1 po), émincé finement
- 75 g (3 oz) de pak choï (chou chinois), émincé finement
- 500 g (1 lb) de petites palourdes
- 2 ml (½ c. à thé) d'huile au chili
- Poivre noir fraîchement moulu

Mélanger le sucre, le jus de lime et la sauce soja.

Dans une casserole, porter le bouillon à ébullition, ajouter les légumes et le gingembre et laisser mijoter de 8 à 10 minutes.

Ajouter les palourdes et poursuivre la cuisson 2 minutes, ou jusqu'à ce qu'elles s'ouvrent. Ajouter le mélange au jus de lime et poursuivre la cuisson 1 minute.

Retirer du feu, incorporer l'huile au chili, assaisonner au goût avec le poivre noir et servir dans des bols profonds.

Par portion: 49 kcal, 1 g de gras, 0 g de gras saturés, 0,48 g de sodium

Minestrone à l'orge et au pesto

Une soupe de légumes d'inspiration italienne qui en met plein la vue. Vous pouvez utiliser des légumes de votre choix. L'orge, qui remplace le spaghetti ou le macaroni traditionnels, donne de la consistance à cette soupe. **Donne 4 portions**

- 75 g (3 oz) d'orge perlé, ayant trempé 4 heures et égoutté
- 75 g (3 oz) de chou vert, haché grossièrement
- 1 oignon, en dés
- 1 carotte, en dés
- 1 branche de céleri, en dés
- 1 courgette, en dés
- 4 tomates, épépinées, en dés
- 1 pomme de terre, pelée, en dés
- 50 g (2 oz) de grosses fèves surgelées
- 1 gousse d'ail, écrasée
- 1 litre (4 tasses) de bouillon de poulet (voir page 39)
- Poivre noir fraîchement moulu

Pour le pesto :

- 1 poignée de feuilles de basilic frais
- 2 gousses d'ail, écrasées

Mettre l'orge perlé dans une casserole, couvrir d'eau froide et porter à ébullition. Faire cuire de 25 à 30 minutes, ou jusqu'à ce qu'il soit tendre, puis égoutter.

Dans une grande casserole, mélanger tous les ingrédients, mouiller avec le bouillon, porter à ébullition, puis baisser le feu et laisser mijoter 15 minutes, ou jusqu'à ce que les légumes soient tendres.

Pour préparer le pesto, réduire au mélangeur en une purée lisse le basilic, l'ail et 100 ml (⅓ de tasse) du liquide de cuisson des légumes.

Bien incorporer le pesto à la soupe, ajouter l'orge perlé cuit, assaisonner de poivre noir et servir.

Par portion: 164 kcal, 1 g de gras, 0 g de gras saturés, 0,35 g de sodium

Soupe paella au poulet

Cette soupe consistante, originaire de Puerto Rico, est idéale comme soupe-repas. La soupe traditionnelle comporte une longue liste d'ingrédients, y compris du riz, car elle a subi plusieurs modifications, selon les goûts de chacun, au fil des ans. **Donne 4 portions**

- 15 ml (1 c. à soupe) d'huile non saturée
- 1 grosse poitrine de poulet, sans la peau, en fines lanières
- 1 petit oignon, haché finement
- 2 gousses d'ail, écrasées
- 5 ml (1 c. à thé) d'origan haché (ou 1 pincée d'origan séché)
- 1 ml (¼ de c. à thé) de chili séché en flocons
- 200 g (7 oz) de tomates en conserve, hachées
- 75 g (3 oz) de riz à grain long
- 1 poivron rouge, épépiné et haché
- 50 g (2 oz) de jambon maigre cuit, émincé
- 700 ml (2 ¾ tasses) de bouillon de poulet (voir page 39)
- 15 ml (1 c. à soupe) d'olives vertes, dénoyautées et hachées
- 5 ml (1 c. à thé) de très petites câpres, rincées et égouttées
- 50 g (2 oz) de petits pois cuits
- Poivre noir fraîchement moulu

Faire chauffer l'huile dans une casserole antiadhésive, ajouter les lanières de poulet et faire dorer à feu vif. Baisser le feu, ajouter l'oignon, l'ail, l'origan, le chili et faire cuire de 2 à 3 minutes.

Ajouter les tomates, le riz, le poivron rouge et le jambon. Mouiller avec le bouillon, porter à ébullition, baisser le feu et laisser mijoter de 25 à 30 minutes.

Finalement, incorporer les olives, les câpres et les petits pois, rectifier l'assaisonnement avec du poivre noir et servir.

Par portion : 197 kcal, 5 g de gras, 1 g de gras saturés, 0,56 g de sodium

Soupe aux crevettes et au tamarin

À une bisque classique prête à servir, j'ajoute un peu de tamarin pour donner du piquant, ce qui n'est pas désagréable. Si vous utilisez des crevettes surgelées, assurez-vous de bien les faire dégeler. Une soupe excellente pour commencer un bon repas.

Donne 4 portions

- 500 g (1 lb) de crevettes tigrées fraîches ou surgelées, décortiquées et déveinées, les carapaces réservées
- 1 oignon, haché
- 1 gousse d'ail, écrasée
- 1 petit piment chili rouge, épépiné et haché
- 15 ml (1 c. à soupe) de purée de tomate
- 15 ml (1 c. à soupe) de farine
- 4 tomates, hachées
- 15 ml (1 c. à soupe) de pâte de tamarin
- 2 tiges de citronnelle, hachées finement
- 1 litre (4 tasses) de fumet de poisson (voir page 39) ou d'eau
- 5 ml (1 c. à thé) de nam pla (sauce de poisson)
- Jus de ½ lime
- 15 ml (1 c. à soupe) de sucre de palme (ou demerara)
- 1 pincée de poivre de Cayenne
- Huile et eau en vaporisateur (voir page 33)

Faire chauffer un peu d'huile et d'eau en vaporisateur dans une casserole à fond épais. Y faire revenir les carapaces des crevettes jusqu'à ce qu'elles soient rouges, en remuant continuellement. Retirer de la casserole et réserver.

Mettre l'oignon, l'ail et le piment chili dans la casserole et faire revenir de 2 à 3 minutes. Incorporer la purée de tomate et bien mélanger. Saupoudrer la farine, bien mélanger et faire cuire 2 autres minutes. Ajouter les tomates hachées, la pâte de tamarin, la citronnelle et le fumet, porter à ébullition, puis baisser le feu et laisser mijoter de 30 à 35 minutes.

Filtrer dans une passoire fine, verser dans une casserole propre et incorporer le nam pla, le jus de lime, le sucre de palme et le poivre de Cayenne.

Détailler les crevettes en bouchées, les incorporer à la soupe et faire réchauffer 1 minute avant de servir.

Par portion : 173 kcal, 2 g de gras, 0 g de gras saturés, 0,67 g de sodium

Salade César à la diable, prosciutto croquant et tomates séchées *Quelques gouttes de sauce de piment fort à la sauce d'accompagnement donnent une note d'originalité à cette salade qui est à la fois légère et pauvre en gras.* Donne 4 portions

200 g (7 oz) de pommes de terre nouvelles, pelées
4 tranches de prosciutto (jambon de Parme)
Huile et eau en vaporisateur (voir page 33)
2 tranches épaisses de pain complet
1 laitue romaine, en morceaux
2 filets d'anchois en conserve, égouttés, rincés et hachés finement
100 g (¼ de lb) de tomates séchées (sans huile)
15 ml (1 c. à soupe) de parmesan, râpé

Pour la sauce :
2 ml (½ c. à thé) de sauce Worcestershire
5 ml (1 c. à thé) de moutarde forte
2 gousses d'ail
15 ml (1 c. à soupe) de parmesan râpé
125 ml (½ tasse) de yogourt nature pauvre en gras
1 trait de sauce de piment fort

Préchauffer le gril du four au maximum.
Mettre les pommes de terre dans une casserole remplie d'eau bouillante, ramener à ébullition, couvrir, baisser le feu et laisser mijoter de 10 à 12 minutes ou jusqu'à ce qu'elles soient juste tendres.
Déposer les tranches de prosciutto sur une plaque allant au four, les faire griller au four jusqu'à ce qu'elles soient croustillantes et les briser en morceaux relativement gros.
Vaporiser légèrement les tranches de pain d'huile et d'eau en vaporisateur et les faire griller sous le gril jusqu'à ce qu'elles soient dorées et croustillantes. Laisser refroidir, puis détailler en dés de 1 cm (½ po).
Dans un bol, mélanger délicatement la laitue, la moitié des anchois, les pommes de terre, les tomates et la moitié du parmesan. Garnir de prosciutto et saupoudrer du reste du fromage.
Au mélangeur, incorporer les anchois qui restent aux ingrédients de la sauce. Verser sur la salade et servir.

Par portion : 191 kcal, 5 g de gras, 2 g de gras saturés, 0,82 g de sodium

Salade de pois chiches, de betteraves et de chou-fleur, sauce aux œufs et au cari *Une salade simple et délicieuse, riche en texture et en saveurs – le cari donne aux légumes une certaine vitalité. Facile à préparer, cette salade est gagnante à tous les coups !* Donne 4 portions

12 mini-betteraves avec les queues, lavées
1 petit chou-fleur, en petits fleurons
4 feuilles de laitue romaine
75 g (3 oz) de feuilles de roquette
400 g (14 oz) de pois chiches en conserve, égouttés et rincés
50 g (2 oz) de feuilles de coriandre fraîche

Pour la sauce :
½ gousse d'ail, écrasée avec le plat d'un couteau
5 ml (1 c. à thé) de moutarde forte
5 ml (1 c. à thé) de cari doux
65 ml (¼ de tasse) de mayonnaise hypocalorique
Jus de ½ citron
15 ml (1 c. à soupe) de crème légère
2 œufs durs, hachés
Poivre noir fraîchement moulu

Préchauffer le four à 200 °C / 400 °F / 6 au four à gaz.
Mettre les betteraves dans du papier d'aluminium avec 100 ml (⅓ de tasse) d'eau et bien sceller la papillote. Faire cuire au four 40 minutes ou jusqu'à ce que les betteraves soient tendres lorsqu'on les pique avec la pointe d'un couteau. Sortir du four et laisser refroidir jusqu'à ce qu'on puisse les manipuler et les peler.
Faire cuire le chou-fleur dans de l'eau bouillante jusqu'à ce qu'il soit tendre, mais ferme, le passer sous l'eau froide et bien égoutter.
Pour préparer la sauce, frotter l'intérieur d'un bol avec l'ail écrasé, puis jeter l'ail. Ajouter la moutarde, le cari et la mayonnaise et bien mélanger. Incorporer le jus de lime, 60 ml (¼ de tasse) d'eau, la crème et les œufs hachés et poivrer au goût. La sauce devrait être onctueuse.
Mettre toutes les feuilles de laitue dans un grand saladier, ajouter les betteraves, le chou-fleur, les pois chiches et un peu de sauce. Répartir entre 4 assiettes, garnir de sauce et parsemer de feuilles de coriandre.

Par portion : 252 kcal, 11 g de gras, 2 g de gras saturés, 0,44 g de sodium

Salade de feta au four et de pois chiches sur pain plat

Le pain plat est un pain très mince qu'on trouve dans les épiceries italiennes. Il en existe aussi plusieurs variétés qui proviennent du Moyen-Orient. Donne 4 portions

- 4 tranches de pain plat sarde, en gros morceaux
- 50 g (2 oz) de feta, émiettée
- 400 g (14 oz) de pois chiches en conserve, égouttés et rincés
- 200 g (7 oz) de tomates cerises
- 20 olives noires, dénoyautées
- 75 g (3 oz) de feuilles de persil plat
- 15 ml (1 c. à soupe) de noix de pin, grillées
- 2 bottes de cresson

Pour la sauce :

- 15 ml (1 c. à soupe) de tahini (pâte de sésame)
- 1 gousse d'ail, écrasée
- 100 ml (⅓ de tasse) d'eau
- 65 ml (¼ de tasse) de yogourt nature pauvre en gras
- Jus de ½ citron
- Poivre noir fraîchement moulu

Préchauffer le four à 200 °C / 400 °F / 6 au four à gaz.
Déposer le pain plat sur une plaque de cuisson, parsemer de feta émiettée et faire cuire au four de 2 à 3 minutes, jusqu'à ce que le fromage commence à fondre.
Dans un bol, fouetter ensemble tous les ingrédients de la sauce et assaisonner de poivre noir au goût.
Mettre les pois chiches, les tomates, les olives, le persil, les noix de pin et le cresson dans un autre bol, napper de sauce et mélanger délicatement.
Disposer la salade sur le pain plat et servir.

Par portion : 257 kcal, 11 g de gras, 3 g de gras saturés, 0,83 g de sodium

Salade épicée de poulet et de mangue

Cette salade est habituellement préparée avec du poulet cuit, mais le poulet fumé en fait une variante intéressante. Une salade savoureuse parfaite pour les mois d'été. Donne 4 portions

- Jus de 2 limes
- Jus de ½ citron
- 1 gousse d'ail, écrasée
- 30 ml (2 c. à soupe) de sirop d'érable
- 1 poulet fumé cuit, sans la peau, la chair effilochée
- 2 tomates italiennes mûres, pelées, épépinées et hachées
- 1 piment chili vert, épépiné et haché très finement
- ½ concombre, épépiné et haché
- 2 oignons rouges, tranchés finement
- 1 poivron vert, épépiné et haché
- 5 ml (1 c. à thé) de graines de cumin, légèrement grillées
- 30 ml (2 c. à soupe) de feuilles de coriandre hachées grossièrement
- 15 ml (1 c. à soupe) de menthe hachée grossièrement
- 1 mangue, pelée et coupée en quartiers
- Poivre noir fraîchement moulu

Dans un bol, fouetter ensemble les jus de lime et de citron, l'ail et le sirop d'érable. Ajouter les autres ingrédients et bien mélanger.
Laisser mariner 30 minutes avant de servir pour permettre aux saveurs de se mêler.

Par portion : 351 kcal, 16 g de gras, 5 g de gras saturés, 1,44 g de sodium

Salade de canard au wok, sauce à la citronnelle et au gingembre *Le poulet peut remplacer le canard, si l'on préfère. Le ketchap manis est une sauce soja indonésienne, fabriquée à partir de fèves de soja noires.* Donne 4 portions

- 5 ml (1 c. à thé) d'huile non saturée
- 4 poitrines de canard de 150 g (5 oz) chacune, sans la peau
- 15 ml (1 c. à soupe) de cassonade
- 60 ml (¼ de tasse) de jus d'orange
- 30 ml (2 c. à soupe) de ketchap manis
- 1 morceau de gingembre frais de 2,5 cm (1 po), pelé
- 1 gousse d'ail
- 12 fleurons de brocoli
- 150 g (5 oz) de mesclun
- 1 carotte, râpée finement
- 75 g (3 oz) de fèves germées
- Poivre noir fraîchement moulu
- 60 ml (¼ de tasse) d'amandes effilées, grillées

Pour la sauce :

- 1 morceau de gingembre frais de 5 cm (2 po)
- 100 ml (⅓ de tasse) de jus d'orange
- 30 ml (2 c. à soupe) de vinaigre balsamique
- 30 ml (2 c. à soupe) de ketchap manis
- 2 tiges de citronnelle, hachées finement
- 1 gousse d'ail, écrasée
- 15 ml (1 c. à soupe) de sauce chili sucrée

Pour préparer la sauce, râper le gingembre dans un bol, puis le presser pour n'en récupérer que le jus. Ajouter le reste des ingrédients et assaisonner au goût. Réserver.

Faire chauffer l'huile dans un wok et y faire saisir le canard sur toutes les faces. Ajouter la cassonade, le jus d'orange, le ketchap manis, le gingembre et l'ail et faire cuire de 10 à 12 minutes en arrosant régulièrement le canard pendant la cuisson jusqu'à ce qu'il soit cuit et bien glacé. Retirer du feu et garder au chaud.

Faire cuire le brocoli dans de l'eau bouillante.

Mettre dans un bol le mesclun, le brocoli, la carotte et les fèves germées. Ajouter un peu de sauce et bien mélanger. Assaisonner avec du poivre noir au goût.

Détailler le canard en tranches fines, le garnir de salade et d'un peu de sauce et servir parsemé d'amandes grillées.

Par portion : 376 kcal, 18 g de gras, 3 g de gras saturés, 1,36 g de sodium

Salade de crevettes épicée *J'ai souvent préparé cette salade pour des repas fins et elle obtient beaucoup de succès. On peut aussi utiliser d'autres fruits de mer comme du homard. Le nam pla (sauce de poisson) se trouve dans les grands magasins d'alimentation et dans les épiceries orientales.* Donne 4 portions

- 30 ml (2 c. à soupe) de jus de lime
- 15 ml (1 c. à soupe) de nam pla (sauce de poisson)
- 5 ml (1 c. à thé) d'huile de sésame
- 30 ml (2 c. à soupe) de sauce soja pauvre en sel
- 1 petit piment chili rouge, épépiné et haché finement
- ½ gousse d'ail, écrasée
- 5 ml (1 c. à thé) de sucre
- 1 avocat
- 400 g (14 oz) de grosses crevettes tigrées fraîches ou surgelées, cuites
- 2 tiges de citronnelle, hachées très finement
- 2 échalotes, tranchées finement
- 30 ml (2 c. à soupe) de feuilles de menthe en filaments
- 4 ciboules, coupées en deux et détaillées en filaments dans le sens de la longueur
- 1 papaye verte, pelée et émincée finement (facultatif)
- 100 g (¼ de lb) de cresson

Dans un bol, mélanger le jus de lime, le nam pla, l'huile de sésame et la sauce soja, puis ajouter le piment chili haché. Incorporer l'ail et le sucre; bien mélanger.

Couper l'avocat en deux dans le sens de la longueur, retirer le noyau et le couper de nouveau en deux. Peler avec précaution et détailler la chair en longues tranches minces. Mettre les crevettes et l'avocat dans le bol.

Ajouter le reste des ingrédients et mélanger délicatement. Disposer dans des assiettes et servir immédiatement.

Par portion : 215 kcal, 9 g de gras, 1 g de gras saturés, 2,21 g de sodium

Salade froide de fruits de mer et de pâtes *On trouve dans la plupart des supermarchés des fruits de mer cuits d'excellente qualité qui facilitent énormément la préparation d'un plat. Cette salade simple et délicieuse est parfaite pour les mois d'été.* **Donne 4 portions**

250 g (½ lb) de tagliatelle
250 g (½ lb) de fruits de mer cuits
4 ciboules, en filaments
2 tomates italiennes, épépinées et hachées
¼ de concombre, haché
Poivre noir fraîchement moulu
30 ml (2 c. à soupe) d'aneth, haché grossièrement

Pour la sauce :
2 ml (½ c. à thé) de moutarde forte
½ gousse d'ail, écrasée
Jus de 1 citron
15 ml (1 c. à soupe) d'huile d'olive
5 ml (1 c. à thé) de miel

Préparer la sauce en mélangeant la moutarde et l'ail dans un grand bol. Incorporer au fouet le jus de citron, l'huile d'olive et le miel.

Faire cuire les pâtes dans de l'eau bouillante jusqu'à ce qu'elles soient *al dente*, bien égoutter, puis incorporer à la sauce et bien mélanger. (Les pâtes chaudes absorbent mieux les saveurs de la sauce.) Ajouter les fruits de mer, les ciboules, les tomates et le concombre, assaisonner de poivre noir au goût et laisser refroidir à la température ambiante.

Ajouter l'aneth et mélanger avant de servir.

Par portion : 320 kcal, 5 g de gras, 1 g de gras saturés, 0,5 g de sodium

Salade de roquette et d'estragon à la truite fumée, à l'orange et aux bleuets (myrtilles) *Ce mélange de poisson fumé et de fruits est légendaire parce que les fruits ne relèvent pas seulement la richesse du poisson mais donnent aussi une fraîcheur agréable à la salade.* **Donne 4 portions**

6 oranges navel
30 ml (2 c. à soupe) de sucre
10 ml (2 c. à thé) de moutarde forte
10 ml (2 c. à thé) d'arrowroot, dissous dans 65 ml (¼ de tasse) d'eau froide
30 ml (2 c. à soupe) d'estragon haché
250 g (½ lb) de bleuets (myrtilles)
30 ml (2 c. à soupe) de noix de pin, grillées
300 g (10 oz) de feuilles de roquette
400 g (14 oz) de truite fumée, sans la peau, émiettée

Exprimer le jus de 2 oranges. Verser dans une casserole anti-adhésive, ajouter le sucre et la moutarde et porter à ébullition. En fouettant, incorporer l'arrowroot dissous, baisser le feu et mélanger jusqu'à ce que la préparation épaississe. Laisser refroidir.

Avec un petit couteau, peler à vif les oranges qui restent. Les couper en quartiers dans le sens de la longueur, puis en travers en tranches épaisses.

Mettre dans un bol, ajouter la préparation à l'orange et à l'arrowroot, l'estragon, les bleuets, les noix de pin et les feuilles de roquette. Mélanger pour enrober les ingrédients. Parsemer de truite fumée et servir.

Par portion : 286 kcal, 9 g de gras, 1 g de gras saturés, 0,79 g de sodium.

3 Repas légers et entrées

Artichauts à la provençale

Les artichauts ne sont pas faciles à préparer, je l'admets, mais lorsque vous maîtriserez bien la technique, vous serez tenté d'essayer les diverses façons de les apprêter. Ce plat est tout aussi délicieux servi froid. Donne 4 portions

4 artichauts
10 ml (2 c. à thé) d'huile d'olive
100 ml (⅓ de tasse) de vin blanc sec
1 gousse d'ail, écrasée
400 g (14 oz) de tomates italiennes mûres, pelées, épépinées et coupées en dés de 1,5 cm (½ po)
2 brins de thym
Poivre noir fraîchement moulu
1 pincée de sucre
16 olives noires
30 ml (2 c. à soupe) de noix de pin
12 feuilles de basilic frais, ciselées

Couper la tige des artichauts au ras des feuilles. Enlever toutes les feuilles fibreuses, épaisses et vert foncé pour ne conserver que les feuilles plus pâles et plus tendres. Couper la pointe supérieure des artichauts et écarter les feuilles du centre pour exposer le foin que vous enlèverez avec une petite cuillère.

Déposer les artichauts dans une casserole antiadhésive, le côté queue vers le haut. Fouetter l'huile d'olive avec le vin et 150 ml (⅔ de tasse) d'eau et verser sur les artichauts. Porter à ébullition et ajouter l'ail, les tomates hachées, le thym, le poivre noir et le sucre.

Baisser le feu à doux, couvrir et faire cuire 20 minutes environ, jusqu'à ce que les artichauts soient tendres. Retirer le couvercle, jeter le thym, ajouter les olives, les noix de pin et le basilic, rectifier l'assaisonnement et servir.

Par portion : 184 kcal, 8 g de gras, 1 g de gras saturés, 0,46 g de sodium

Asperges et poireaux grillés mimosa

Le babeurre est beaucoup moins riche en gras que le lait, car on utilise une méthode semblable à celle du yogourt pour le préparer. Son goût légèrement aigre le rend plus intéressant que le lait écrémé. Donne 4 portions

400 g (14 oz) d'asperges, parées
200 g (7 oz) de mini-poireaux
Poivre noir fraîchement moulu
10 ml (2 c. à thé) d'huile d'olive

Pour la sauce mimosa :
15 ml (1 c. à soupe) de vinaigre de vin blanc
5 ml (1 c. à thé) de moutarde forte
30 ml (2 c. à soupe) d'estragon haché
45 ml (3 c. à soupe) de babeurre
5 ml (1 c. à thé) de sucre
2 œufs durs, hachés
30 ml (2 c. à soupe) d'huile d'olive

Pour préparer la sauce, fouetter le vinaigre et la moutarde dans un bol. Ajouter l'estragon, le babeurre, le sucre et les œufs et incorporer l'huile.

Dans des casseroles séparées, faire blanchir les asperges et les poireaux dans de l'eau bouillante 2 minutes, les retirer et égoutter. Déposer dans un plat peu profond et assaisonner de poivre noir. Arroser de l'huile d'olive, mélanger et laisser refroidir.

Faire chauffer une poêle à fond cannelé. Lorsqu'elle est très chaude, ajouter les poireaux et les asperges et les faire cuire de 4 à 5 minutes, ou jusqu'à ce qu'ils soient noircis, en les retournant régulièrement pour qu'ils soient colorés uniformément.

Mettre dans un plat de service, arroser de sauce mimosa et servir chaud.

Par portion : 142 kcal, 11 g de gras, 2 g de gras saturés, 0,08 g de sodium

Aubergines farcies de pilaf aux tomates et au bulghur

Ce plat farci est toujours impressionnant. Le bulghur ou blé concassé est l'aliment de base des pays des Balkans, où on l'utilise comme substitut du riz, parce qu'il est plus économique. **Donne 4 portions**

4 aubergines moyennes
2 gousses d'ail, tranchées finement
2 ml (½ c. à thé) d'huile d'olive
1 oignon rouge, haché
15 ml (1 c. à soupe) de thym
125 ml (½ tasse) de tomates séchées
50 g (2 oz) de raisins secs
125 g (¼ de lb) de bulghur (blé concassé) cuit
30 ml (2 c. à soupe) de noix de pin, grillées
15 ml (1 c. à soupe) de feuilles de coriandre hachées grossièrement
50 g (2 oz) de cheddar semi-gras, râpé
Poivre noir fraîchement moulu

Préchauffer le four à 200 °C / 400 °F / 6 au four à gaz.
Avec un couteau aiguisé, pratiquer des incisions dans les aubergines et, utilisant la moitié de l'ail, en enfoncer une tranche dans chaque fente. Envelopper les aubergines dans une grande feuille de papier d'aluminium et sceller la papillote. Déposer sur une plaque de cuisson et faire cuire au four 30 minutes. Lorsque les aubergines sont tendres, retirer le papier d'aluminium, les couper en deux dans le sens de la longueur et les laisser refroidir complètement.
Retirer la chair des aubergines sans perforer la peau, puis la hacher en gros dés.
Faire chauffer l'huile d'olive dans une casserole antiadhésive et y faire légèrement dorer l'oignon, le reste de l'ail et le thym.
Ajouter la chair d'aubergine, les tomates, les raisins secs, le bulghur cuit et 100 ml (⅓ de tasse) d'eau, couvrir et faire cuire à feu doux 10 minutes. Ajouter les noix de pin, la coriandre et le cheddar. Assaisonner de poivre noir au goût.
Remplir les aubergines de ce mélange, déposer sur une plaque de cuisson et faire cuire au four 15 minutes.

Par portion : 301 kcal, 8 g de gras, 2 g de gras saturés, 0,41 g de sodium

Feuilles de vigne farcies aux pois chiches

Une variante des dolmades traditionnelles. Peuvent se préparer une journée à l'avance. **Donne 4 portions**

20 feuilles de vigne fraîches
15 ml (1 c. à soupe) d'huile d'olive
1 oignon, haché finement
1 gousse d'ail, écrasée
50 g (2 oz) de menthe, hachée
100 g (¼ de lb) de feta, émiettée
425 g (15 oz) de pois chiches en conserve, égouttés et rincés
50 g (2 oz) de noix de pin
150 g (5 oz) de riz brun, cuit
2 ml (½ c. à thé) de cumin moulu
50 g (2 oz) de raisins de Corinthe
Huile et eau en vaporisateur (voir page 33)

Tartare de tomates :
15 ml (1 c. à soupe) de sirop d'érable
310 g (¾ de lb) de tomates italiennes mûres, épépinées, concassées
Jus de ½ petit citron
30 ml (2 c. à soupe) de coriandre hachée
30 ml (2 c. à soupe) de persil plat haché
1 gousse d'ail, écrasée

Pour la sauce au yogourt :
100 ml (⅓ de tasse) de yogourt nature pauvre en gras
30 ml (2 c. à soupe) de menthe hachée
2 ml (½ c. à thé) de zeste de citron râpé
15 ml (1 c. à soupe) de miel

Préchauffer le four à 180 °C / 350 °F / 4 au four à gaz.
Faire blanchir les feuilles de vigne de 3 à 4 minutes dans de l'eau bouillante. Égoutter et assécher avec du papier absorbant.
Faire chauffer l'huile d'olive dans une casserole, ajouter l'oignon, l'ail et 30 ml (2 c. à soupe) d'eau, couvrir et faire cuire à feu doux de 3 à 4 minutes. Ajouter la menthe, la moitié de la feta, les pois chiches, les noix de pin, le riz, le cumin, les raisins secs et cuire de 2 à 3 minutes. Laisser tiédir.
Étaler les feuilles de vigne, le côté luisant vers le bas. Déposer une cuillerée de farce au centre. Rouler vers l'extrémité en repliant les côtés vers l'intérieur. Déposer sur une plaque de cuisson légèrement graissée, parsemer du reste de la feta et mettre de 1 à 2 minutes au four préchauffé, pour faire fondre le fromage.
Dans un bol, mélanger tous les ingrédients du tartare de tomates et, dans un autre, ceux de la sauce au yogourt.
Disposer les feuilles de vigne grillées avec le tartare, arroser d'un peu de sauce et servir.

Par portion : 410 kcal, 20 g de gras, 5 g de gras saturés, 0,54 g de sodium

Baguette à la fondue de mozzarella

Une délicieuse variante du croque-monsieur et un goûter pour toute heure du jour. Il est possible de remplacer les champignons sauvages par une autre variété. Donne 4 portions

½ baguette
5 ml (1 c. à thé) d'huile d'olive
200 g (7 oz) d'un mélange de champignons sauvages, en tranches épaisses
2 échalotes, hachées finement
½ gousse d'ail, rôtie
50 g (2 oz) de roquette, hachée
30 ml (2 c. à soupe) de persil plat, haché grossièrement
Poivre noir fraîchement moulu

Pour la fondue de mozzarella :
150 ml (⅔ de tasse) de lait semi-écrémé
1 gousse d'ail, écrasée
30 ml (2 c. à soupe) de farine de maïs
1 pincée de paprika
2 ml (½ c. à thé) de moutarde forte
75 g (3 oz) de mozzarella semi-écrémée, râpée

Préchauffer le gril au maximum.

Pour créer la base, couper la baguette en moitiés, puis encore en deux dans le sens de la longueur.

Faire chauffer l'huile d'olive dans une poêle antiadhésive, puis y faire cuire les champignons, les échalotes et l'ail de 3 à 4 minutes jusqu'à ce qu'ils soient dorés et tendres. Ajouter la roquette hachée et le persil, assaisonner de poivre noir et garder au chaud.

Pour préparer la fondue, faire bouillir le lait et l'ail dans une casserole. Diluer la farine de maïs dans 30 ml (2 c. à soupe) d'eau et incorporer au lait en fouettant. Faire cuire 2 minutes, puis ajouter le paprika et la moutarde. Retirer du feu et incorporer la mozzarella râpée. Remuer jusqu'à ce que le fromage soit fondu.

Faire griller le pain sous le gril, garnir de champignons, verser dessus la fondue au fromage et servir.

Par portion : 235 kcal, 5 g de gras, 2 g de gras saturés, 0,35 g de sodium

Hamburgers de portobellos à la ricotta et à la salade de roquette

Un délicieux substitut des hamburgers traditionnels, avec des champignons portobellos bien juteux. Parfait pour les barbecues l'été, et les végétariens ne se sentiront pas exclus. Donne 4 portions

4 champignons portobellos moyens ou gros, sans les pieds
2 gousses d'ail, pelées
5 ml (1 c. à thé) de thym
30 ml (2 c. à soupe) de vinaigre balsamique
5 ml (1 c. à thé) d'huile d'olive
4 pains à hamburger, ouverts

Pour la ricotta aux herbes :
15 ml (1 c. à soupe) de pesto
60 ml (¼ de tasse) de ricotta

Pour la salade de roquette :
75 g (3 oz) de roquette
15 ml (1 c. à soupe) de vinaigre balsamique
30 ml (2 c. à soupe) de mayonnaise hypocalorique
2 ciboules, en filaments
1 petite carotte, pelée et râpée finement
15 ml (1 c. à soupe) de miel

Nettoyer et peler les champignons, puis y pratiquer des incisions avec un petit couteau.

Couper les gousses d'ail en tranches minces et les insérer dans les fentes des champignons. Déposer dans un plat, parsemer de thym, arroser de vinaigre et d'huile et laisser mariner 1 heure.

Entre-temps, préparer la ricotta aux herbes : mélanger le pesto et la ricotta et réserver. Dans un bol, mélanger tous les ingrédients pour la salade de roquette.

Faire chauffer une poêle à fond cannelé. Lorsqu'elle fume, ajouter les champignons et les faire griller de 3 à 4 minutes de chaque côté jusqu'à ce qu'ils soient tendres, cuits et légèrement noircis. Retirer, puis faire griller les pains de 2 à 3 minutes.

Tartiner les pains de ricotta aux herbes et ajouter les champignons grillés. Garnir d'une bonne cuillerée de salade de roquette, puis refermer les pains et servir. Les frites au four (voir page 101) sont l'accompagnement classique.

Par portion : 236 kcal, 9 g de gras, 3 g de gras saturés, 0,39 g de sodium

Nouilles aux champignons shiitake et au pesto asiatique

Le pesto est un classique italien qui regorge d'ail, de basilic et de parmesan. J'utilise ici de la menthe, de la coriandre et du gingembre pour obtenir une variante asiatique, qui est aussi parfaite pour les salades et le poisson grillé. Donne 4 portions

400 g (14 oz) de nouilles aux œufs chinoises
15 ml (1 c. à soupe) d'huile de sésame
125 g (¼ de lb) de champignons shiitake, en tranches épaisses
1 gousse d'ail, écrasée
1 morceau de gingembre frais de 1 cm (½ po), pelé et haché finement
1 piment chili vert, épépiné et tranché finement
4 ciboules, en languettes
45 ml (3 c. à soupe) de sauce soja pauvre en sel

Pour le pesto :
40 g (1 ½ oz) de feuilles de menthe
40 g (1 ½ oz) de feuilles de coriandre
1 gousse d'ail, écrasée
25 g (1 oz) d'arachides grillées
1 morceau de gingembre de 2,5 cm (1 po), pelé et haché finement
15 ml (1 c. à soupe) d'huile d'olive
1 pincée de sucre

Pour préparer le pesto, réduire au mélangeur tous les ingrédients en une purée grossière.
Faire tremper les nouilles dans un bol d'eau bouillante de 3 à 4 minutes, puis bien les égoutter.
Dans une grande casserole antiadhésive ou un wok, faire bien chauffer l'huile de sésame, puis y faire revenir les champignons shiitake 1 minute ou jusqu'à ce qu'ils soient légèrement attendris. Ajouter l'ail, le gingembre et le piment chili et poursuivre la cuisson. Ajouter les ciboules et la sauce soja et mélanger.
Ajouter les nouilles égouttées et le pesto, mélanger jusqu'à ce que tous les ingrédients soient bien chauds et servir.

Par portion : 499 kcal, 17 g de gras, 3 g de gras saturés, 0,66 g de sodium

Œufs brouillés à la turque

Voilà une merveilleuse façon de commencer une journée ou ce peut être le déjeuner rapide idéal lorsqu'on l'accompagne de pain turc traditionnel. L'ajout de quelques dés de feta est délicieux, mais augmentera la teneur en gras. Donne 4 portions

5 ml (1 c. à thé) d'huile d'olive
1 oignon, haché finement
½ gousse d'ail, écrasée
5 ml (1 c. à thé) de harissa (pâte de piment)
1 petite aubergine, en cubes de 1 cm (½ po)
1 petit poivron vert, épépiné et en dés de 1 cm (½ po)
2 tomates italiennes, en dés de 1 cm (½ po)
2 gros œufs de ferme
Poivre noir fraîchement moulu
1 bonne pincée de safran dissous dans 30 ml (2 c. à soupe) d'eau bouillante
30 ml (2 c. à soupe) de feuilles de coriandre hachées

Faire chauffer l'huile d'olive dans une casserole antiadhésive moyenne. Ajouter l'oignon, l'ail et la harissa et faire cuire à feu doux de 1 à 2 minutes jusqu'à ce que l'oignon et l'ail soient ramollis, en remuant régulièrement. Ajouter les légumes et poursuivre la cuisson de 10 à 15 minutes.
Entre-temps, dans un bol, fouetter les œufs avec le poivre noir et ajouter l'eau safranée.
Lorsque les légumes sont cuits, augmenter la chaleur, ajouter les œufs et les laisser prendre légèrement avant de mélanger pour obtenir la consistance des œufs brouillés. Ajouter la coriandre et poivrer au goût. Servir avec du pain de style moyen-oriental.

Par portion : 89 kcal, 5 g de gras, 1 g de gras saturés, 0,06 g de sodium

Riz frit au panir et aux noix de cajou

Le riz plaît à tous et chacun le fait cuire à sa façon, mais j'aime tout particulièrement la méthode orientale. Le panir est un fromage blanc que l'on trouve facilement dans les épiceries indiennes. **Donne 4 portions**

- 15 ml (1 c. à soupe) d'huile non saturée
- 3 gousses de cardamome, fendues
- 2 ml (½ c. à thé) de cannelle moulue
- 2 ciboules, hachées
- 1 piment chili rouge, épépiné et haché finement
- 50 g (2 oz) d'abricots séchés, hachés
- 40 g (1 ½ oz) de raisins de Smyrne
- 5 ml (1 c. à thé) de cari en poudre
- 300 g (¾ de lb) de riz basmati, cuit
- 50 g (2 oz) de panir (fromage blanc), en dés de 1 cm (½ po)
- 50 g (2 oz) de noix de cajou fraîches, hachées et grillées
- 25 g (1 oz) de menthe, hachée

Faire chauffer une grande poêle antiadhésive ou un wok antiadhésif, ajouter l'huile, les épices, les ciboules et le piment chili et faire cuire 1 minute. Ajouter les abricots, les raisins de Smyrne et le cari et poursuivre la cuisson 1 minute.

Ajouter le riz cuit, le panir et les noix de cajou et mélanger de 2 à 3 minutes. Mettre dans un bol de service et parsemer de menthe avant de servir.

Par portion : 273 kcal, 11 g de gras, 2 g de gras saturés, 0,07 g de sodium

Tofu sauté à la thaïlandaise

Ce plat végétarien à base de nouilles de riz frites est une des nombreuses variantes thaïlandaises aussi intéressante que délicieuse du tofu, qui fournit les précieuses protéines du soja. On trouve dans les épiceries asiatiques le radis blanc mariné en conserve. **Donne 4 portions**

- 310 g (¾ de lb) de vermicelle de riz
- 15 ml (1 c. à soupe) d'huile d'arachide
- 2 gousses d'ail, écrasées
- 7 ml (½ c. à soupe) de gingembre frais, haché finement
- 1 piment chili rouge, en tranches minces
- 310 g (¾ de lb) de brocoli chinois, paré et coupé en morceaux
- 100 g (¼ de lb) de fèves germées
- 30 ml (2 c. à soupe) de radis blanc mariné, haché
- 15 ml (1 c. à soupe) de cassonade
- 20 ml (1 ½ c. à soupe) de sauce soja pauvre en sel
- 15 ml (1 c. à soupe) de sauce chili sucrée
- 4 ciboules, en languettes
- 175 g (6 oz) de tofu ferme
- 30 ml (2 c. à soupe) de feuilles de coriandre hachées grossièrement
- 30 ml (2 c. à soupe) d'arachides grillées hachées
- Poivre noir fraîchement moulu

Mettre les nouilles de riz dans un bol, couvrir d'eau bouillante, laisser ramollir, puis bien égoutter.

Dans un wok ou une grande poêle antiadhésive, faire chauffer l'huile d'arachide, ajouter l'ail, le gingembre et le piment chili et faire frire 1 minute.

Ajouter le brocoli, les fèves germées et le radis et poursuivre la cuisson 1 minute. Ajouter la cassonade et les sauces soja et chili et bien mélanger.

Incorporer les ciboules, le tofu, la coriandre et les arachides.

Assaisonner de poivre noir au goût et servir dans des bols.

Par portion : 401 kcal, 8 g de gras, 1 g de gras saturés, 0,34 g de sodium

Tartare de thon au wasabi, au concombre, à l'orange et au sirop de betterave

J'aime la fraîcheur et le contraste des saveurs de ce plat, tout d'abord le goût sucré du sirop de betterave, puis le goût piquant du wasabi qui donne du caractère à ce tartare de thon. **Donne 4 portions**

Pour le tartare :
175 g (6 oz) de filet de thon frais, en dés de 5 mm (¼ de po)
1 échalote, hachée finement
Le zeste et le jus de 1 orange
75 g (3 oz) de concombre, pelé, épépiné et en dés de 5 mm (¼ de po)
30 ml (2 c. à soupe) de feuilles de coriandre hachées, et brins pour garnir
2 ml (½ c. à thé) de wasabi
15 ml (1 c. à soupe) de ciboulette hachée
30 ml (2 c. à soupe) de sauce soja pauvre en sel
Poivre noir fraîchement moulu

Pour le sirop de betterave :
2 betteraves crues
75 ml (5 c. à soupe) de vinaigre de xérès ou de vinaigre de vin rouge
2 ml (½ c. à thé) de moutarde forte

Pour préparer le sirop de betterave, peler les betteraves (je vous conseille de porter des gants !) et en extraire le jus avec une centrifugeuse. Mettre le jus dans une casserole avec le vinaigre et porter à ébullition en écumant les impuretés qui remontent à la surface. Faire bouillir jusqu'à ce que le liquide soit réduit de moitié. Verser dans un bol et laisser refroidir. Incorporer au fouet la moutarde, ajouter du poivre noir au goût et réserver.

Pour préparer le tartare, mettre le thon dans un bol, ajouter le reste des ingrédients et ajouter du poivre noir au goût. Déposer un emporte-pièce de 6 cm (2 ½ po) de diamètre dans une assiette, le remplir de la préparation en pressant bien, puis retirer délicatement l'emporte-pièce. Préparer les trois autres portions de tartare de la même façon.

Verser un peu de sirop de betterave autour de chaque portion, garnir de brins de coriandre et servir bien froid.

Par portion : 85 kcal, 2 g de gras, 1 g de gras saturés, 0,39 g de sodium

Galettes végétariennes avec panzanella de style asiatique

Malgré la longue liste d'ingrédients, cette recette est simple. Les galettes peuvent se préparer à l'avance et être cuites au moment opportun. Un véritable délice végétarien pour les mois d'été. **Donne 4 portions**

- 150 g (5 oz) de lentilles jaunes cassées, ayant trempé toute la nuit
- 5 ml (1 c. à thé) d'huile d'olive
- 1 gousse d'ail, écrasée
- 1 piment chili vert, épépiné et haché finement
- 2 ml (½ c. à thé) de cumin moulu
- 1 morceau de gingembre frais de 2,5 cm (1 po), haché finement
- 125 g (¼ de lb) de couscous
- 75 g (3 oz) d'épinards, hachés et cuits
- 75 g (3 oz) de cottage pauvre en gras
- 2 ciboules, hachées
- 30 ml (2 c. à soupe) de menthe hachée
- Huile et eau en vaporisateur (voir page 33)

Pour la panzanella asiatique :

- 15 ml (1 c. à soupe) de miel
- 1 mangue, pelée, en dés de 1 cm (½ po)
- 1 pain naan, en morceaux de 1 cm (½ po)
- Jus de 2 limes
- 1 poivron rouge, épépiné et en dés de 1 cm (½ po)
- ½ gousse d'ail, écrasée
- 1 piment chili vert, épépiné et haché finement
- 30 ml (2 c. à soupe) de feuilles de coriandre hachées

Pour la sauce à la menthe :

- 15 ml (1 c. à soupe) de gelée de menthe, fondue
- 100 ml (⅓ de tasse) de yogourt de soja

Égoutter les lentilles. Faire chauffer l'huile dans une casserole antiadhésive, ajouter l'ail, le piment chili et le cumin et faire cuire 1 minute pour permettre aux saveurs de se dégager. Incorporer les lentilles, le gingembre et 65 ml (¼ de tasse) d'eau, couvrir et faire cuire de 10 à 15 minutes ou jusqu'à ce que les lentilles soient tendres et le liquide, complètement absorbé.

Entre-temps, porter à ébullition 375 ml (1 ½ tasse) d'eau et verser sur le couscous. Couvrir d'une pellicule de plastique et laisser reposer de 4 à 5 minutes. Aérer le couscous avec une fourchette et laisser gonfler pendant encore 5 minutes, jusqu'à ce que le liquide soit tout absorbé. Retirer la pellicule de plastique et laisser refroidir complètement.

Mettre les lentilles et le couscous dans le mélangeur, ajouter les épinards et bien mélanger, par brèves pulsions, pour obtenir une pâte grossière. Ne pas réduire en purée. Verser le mélange dans un bol, ajouter le cottage, les ciboules et la menthe, bien mélanger et réfrigérer.

Préchauffer le gril au maximum.

Diviser le mélange en galettes. Enduire légèrement un plat de cuisson d'huile et d'eau en vaporisateur, puis y déposer les galettes.

Faire griller au four de 2 à 3 minutes de chaque côté.

Entre-temps, préparer la panzanella en mélangeant tous ses ingrédients dans un bol.

Pour préparer la sauce, mélanger la gelée de menthe et le yogourt.

Pour servir, disposer la panzanella dans un grand plat de service, garnir de galettes grillées et arroser de sauce à la menthe.

Par portion : 461 kcal, 9 g de gras, 3 g de gras saturés, 0,25 g de sodium

Moules aux épices asiatiques à la vapeur

Les moules sont un mollusque délicat ; elles nécessitent un temps de cuisson minimum pour conserver leur texture juteuse et moelleuse. L'ajout de quelques épices asiatiques remplit la cuisine d'arômes savoureux. **Donne 4 portions**

- 5 ml (1 c. à thé) de graines de cumin
- 10 ml (2 c. à thé) de gousses de cardamome, fendues
- 1 kg (2 lb) de moules fraîches, grattées et ébarbées
- 2 échalotes, hachées finement
- 90 ml (⅓ de tasse) de vin blanc sec
- 1 morceau de gingembre frais de 2,5 cm (1 po), pelé et haché finement
- 1 piment chili vert, épépiné et haché finement
- 30 ml (2 c. à soupe) de feuilles de coriandre, hachées grossièrement

Faire chauffer un grand wok antiadhésif (avec un couvercle bien ajusté). Ajouter les graines de cumin et les gousses de cardamome et faire cuire 30 secondes pour que les saveurs se dégagent.

Ajouter les moules, les échalotes, le vin blanc, le gingembre, le chili et 150 ml (⅔ de tasse) d'eau. Couvrir, porter rapidement à ébullition et laisser mijoter de 2 à 3 minutes, ou jusqu'à ce que les moules s'ouvrent.

Ajouter la coriandre et bien mélanger. Jeter les moules qui sont toujours fermées et servir dans un bol creux avec du bouillon.

Par portion : 84 kcal, 2 g de gras, 0 g de gras saturés, 0,22 g de sodium

Tomates farcies au tartare de maquereau

Ce plat, léger en soi, peut faire une superbe entrée et se préparer deux heures à l'avance, ce qui vous laisse amplement de temps pour vous occuper de vos invités. Le maquereau peut facilement être remplacé par du thon ou du saumon. **Donne 4 portions**

- 8 tomates moyennes ou grosses
- Poivre noir fraîchement moulu
- 60 ml (¼ de tasse) d'huile d'olive
- 2 maquereaux frais de 350 g (¾ de lb) chacun, parés et en filets
- 5 ml (1 c. à thé) de moutarde forte
- Le jus de 2 citrons
- 1 petite botte de fenouil, hachée très finement
- 2 échalotes, hachées finement
- 30 ml (2 c. à soupe) de menthe hachée
- 30 ml (2 c. à soupe) de feuilles d'estragon hachées
- 30 ml (2 c. à soupe) de ciboulette hachée
- 1 petite betterave, pelée et hachée très finement

Préchauffer le four à 180 °C / 350 °F / 4 au four à gaz.

Trancher soigneusement le dessus des tomates et les évider. Assécher l'intérieur avec du papier absorbant et poivrer. Badigeonner l'intérieur et l'extérieur des tomates avec 15 ml (1 c. à soupe) d'huile d'olive et les faire cuire au four de 5 à 8 minutes ou jusqu'à ce qu'elles soient ramollies, mais qu'elles gardent encore leur forme. Sortir du four et laisser refroidir.

Détailler les filets de maquereau en dés de 1 cm (½ po) et les mettre dans un bol. Ajouter la moutarde, le jus de citron, le fenouil, le reste de l'huile d'olive, les échalotes et les fines herbes et mélanger délicatement. Ajouter la betterave et assaisonner de poivre au goût.

Farcir les tomates de tartare au maquereau. Servir avec une salade verte.

Par portion : 462 kcal, 35 g de gras, 6 g de gras saturés, 0,16 g de sodium

Assiette de saumon et de fruits de mer marinés

Inspirée d'une spécialité d'Amérique du Sud et d'Amérique centrale, la ceviche, *qui se prépare avec du poisson mariné dans du jus de lime ou de citron.* **Donne 4 portions**

2 grosses tomates
2 piments chilis rouges, épépinés et hachés
Le jus de 2 limes
5 ml (1 c. à thé) de graines de coriandre, écrasées
100 ml (1/3 de tasse) de jus de tomate
2 ml (1/2 c. à thé) de sucre
Trait de sauce de piment fort
Poivre noir fraîchement moulu
300 g (3/4 de lb) de filet de saumon, sans la peau
250 g (1/2 lb) de fruits de mer cuits
50 g (2 oz) de concombre, pelé, épépiné et en dés
4 ciboules, hachées
15 ml (1 c. à soupe) de coriandre hachée
Brins de coriandre et quartiers de lime, pour garnir

Préchauffer le gril du four au maximum.
Couper une tomate en deux, la déposer sur une plaque de cuisson la peau vers le haut et la faire noircir au four. Retourner et faire noircir l'autre côté, puis et laisser refroidir.
Plonger l'autre tomate dans de l'eau bouillante pendant environ 1 minute, l'égoutter, la peler, l'épépiner et la couper en dés. Réserver.
Mélanger en une purée lisse la tomate grillée avec les piments chilis, le jus de lime, les graines de coriandre, le jus de tomate, le sucre et la sauce de piment; poivrer. Filtrer au-dessus d'un bol.
Couper le saumon en tranches minces et poivrer légèrement. Mettre dans un bol avec la marinade et les fruits de mer, couvrir d'une pellicule de plastique et faire mariner 2 heures au réfrigérateur.
Retirer le saumon et les fruits de mer de la marinade et les disposer dans 4 assiettes. Ajouter à la marinade le concombre, les ciboules, la coriandre et la tomate en dés réservée et en verser un peu sur le poisson.
Garnir chaque assiette d'un brin de coriandre et d'un quartier de lime; servir bien froid.

Par portion: 229 kcal, 9 g de gras, 2 g de gras saturés, 0,75 g de sodium

Tarte aux sardines

Une variante de la pissaladière classique du sud de la France. La pâte filo, plus légère que la pâte feuilletée, est merveilleusement croustillante. Une superbe entrée aux parfums de Provence. **Donne 4 portions**

Huile et eau en vaporisateur (voir page 33)
4 feuilles de pâte filo
15 ml (1 c. à soupe) d'huile d'olive
1 gros oignon, tranché finement
2 gousses d'ail, écrasées
15 ml (1 c. à soupe) d'olives noires, dénoyautées et hachées grossièrement
2 filets d'anchois en conserve, égouttés, rincés et hachés finement
8 sardines, parées et en filets
5 ml (1 c. à thé) de thym
30 ml (2 c. à soupe) de persil haché

Préchauffer le four à 200 °C / 400 °F / 6 au four à gaz.
Préchauffer au four un moule à cuisson ou une plaque à pizza de 23 cm (9 po) de diamètre. Sortir du four et graisser avec de l'huile et de l'eau en vaporisateur.
Déposer une feuille de pâte filo dans le moule, la vaporiser légèrement, y superposer les 3 autres feuilles en vaporisant chacune. Mettre au four de 2 à 3 minutes, puis sortir du four. Froisser l'excédent de pâte qui déborde pour former un bord.
Faire chauffer l'huile d'olive dans une grande casserole anti-adhésive, ajouter l'oignon, l'ail et les olives et faire cuire à feu moyen de 10 à 12 minutes, jusqu'à ce que l'oignon soit tendre, doré et caramélisé. Retirer de la casserole, ajouter les anchois et bien mélanger.
Essuyer la casserole. Remettre sur le feu avec un peu d'huile et d'eau en vaporisateur. Faire frire les filets de sardine de 2 à 3 minutes, ou jusqu'à ce qu'ils soient dorés et légèrement croustillants.
Répartir uniformément le mélange aux oignons sur la pâte filo, puis garnir des filets de sardine cuits. Parsemer de thym et remettre au four de 2 à 3 minutes.
Parsemer de persil et servir dans une grande assiette plate avec une salade verte.

Par portion: 310 kcal, 14 g de gras, 3 g de gras saturés, 0,44 g de sodium

4 Plats principaux

Ragoût épicé d'aubergine et de shiitake

Un plat savoureux, simple à préparer. Les ragoûts sont une bonne façon d'apprêter les légumes, car leurs nutriments se retrouvent dans le liquide de cuisson. Les champignons shiitake peuvent être remplacés par une autre variété de champignons, mais la saveur ne sera pas la même. Donne 4 portions

15 ml (1 c. à soupe) d'huile de sésame
2 gousses d'ail, écrasées
1 morceau de gingembre de 2,5 cm (1 po), pelé et haché finement
200 g (7 oz) de champignons shiitake, tranchés finement
45 ml (3 c. à soupe) de xérès sec
30 ml (2 c. à soupe) de ketchap manis (sauce soja indonésienne)
30 ml (2 c. à soupe) de sauce de haricots noirs
2 grosses aubergines, en dés de 2,5 cm (1 po)
1 boîte de châtaignes d'eau, tranchées
600 ml (2 ½ tasses) de bouillon de légumes (voir page 39)
100 ml (⅓ de tasse) de jus de tomate

Faire chauffer un wok ou une grande poêle, ajouter l'huile de sésame, l'ail, le gingembre et les champignons et faire cuire à feu vif de 1 à 2 minutes.
Ajouter le xérès, le ketchap manis et la sauce de haricots noirs et bien mélanger. Incorporer les aubergines et les châtaignes d'eau. Faire cuire de 3 à 4 minutes, puis mouiller avec le bouillon et le jus de tomate. Couvrir, baisser le feu et laisser mijoter de 5 à 8 minutes jusqu'à ce que les légumes soient cuits, mais gardent encore leur forme, et que le bouillon ait la consistance d'une sauce.
Servir avec un bol de riz blanc vapeur.

Par portion : 97 kcal, 4 g de gras, 0 g de gras saturés, 0,83 g de sodium

Croustillant de légumes à l'indienne

Donne 4 portions

1 petit chou-fleur, en fleurons
1 oignon, haché
2 gousses d'ail, écrasées
1 morceau de gingembre de 5 cm (2 po)
1 piment chili vert fort, épépiné et haché finement
Huile et eau en vaporisateur (voir page 33)
30 ml (2 c. à soupe) d'épices tandoori
100 g (¼ de lb) de panir (fromage blanc), égoutté et en dés
2 carottes, en bâtonnets
1 poivron rouge, épépiné, en dés
1 poivron vert, épépiné, en dés
1 pomme de terre, pelée, en dés
425 g (15 oz) de pois chiches en conserve, égouttés et rincés
30 ml (2 c. à soupe) de coriandre hachée grossièrement

Pour la croûte :
100 g (¼ de lb) de noix de cajou
2 ml (½ c. à thé) de cari doux en poudre
50 g (2 oz) de millet cuit
5 ml (1 c. à thé) d'huile d'olive

Pour la sauce au yogourt et à la menthe :
100 ml (⅓ de tasse) de yogourt nature pauvre en gras
30 ml (2 c. à soupe) de menthe hachée grossièrement
15 ml (1 c. à soupe) de jus de citron
1 pincée de cumin moulu

Préchauffer le four à 190 °C / 375 °F / 5 au four à gaz.
Faire bouillir le chou-fleur 5 minutes. Le passer sous l'eau froide, l'égoutter et l'assécher. Réduire en purée l'oignon, l'ail, le gingembre, le piment chili et 65 ml (¼ de tasse) d'eau.
Dans une casserole, faire chauffer un peu d'huile et d'eau en vaporisateur, ajouter les épices et le panir et faire cuire 1 minute.
Ajouter le chou-fleur, le reste des légumes et les pois chiches et bien mélanger. Ajouter 65 ml (¼ de tasse) d'eau, couvrir et laisser mijoter de 6 à 8 minutes. Ajouter la préparation à l'ail et au chili et faire cuire, sans couvrir, jusqu'à ce que les légumes soient bien enrobés d'épices, 5 minutes environ. Transférer dans un petit plat à gratin.
Pour préparer la croûte, hacher grossièrement au mélangeur les noix de cajou avec le cari, le millet et l'huile d'olive.
Parsemer sur les légumes et faire cuire au four de 12 à 15 minutes jusqu'à ce que la croûte soit dorée et croustillante.
Mélanger les ingrédients de la sauce. Sortir le plat du four, parsemer de coriandre hachée et servir avec la sauce.

Par portion : 463 kcal, 21 g de gras, 4 g de gras saturés, 0,34 g de sodium

Tacos de maïs aux légumes *Ces tacos roulés remplis de légumes peuvent facilement se préparer la veille et être mis au four le moment venu. On peut remplacer les crêpes de maïs par des tortillas du commerce.* **Donne 4 portions**

425 g (15 oz) de légumes mélangés (par ex. panais, carottes, courge musquée, courgettes)
30 ml (2 c. à soupe) de miel
15 ml (1 c. à soupe) d'huile d'olive
1 piment chili rouge, épépiné et haché finement
Poivre noir fraîchement moulu
Huile et eau en vaporisateur (voir page 33)
450 ml (1 ¾ tasses) de sauce tomate
50 g (2 oz) de cheddar semi-écrémé, râpé

Pour les crêpes

1 gros œuf
125 ml (½ tasse) de lait de soja
15 ml (1 c. à soupe) d'huile d'olive
30 g (1 oz) de farine de maïs fine
45 g (1 ½ oz) de farine

Préchauffer le four à 200 °C / 400 °F / 6 au four à gaz.

Peler les légumes et les couper en gros morceaux. Mettre dans un plat de cuisson. Faire chauffer le miel, l'huile d'olive et le chili et verser sur les légumes. Bien mélanger, puis assaisonner de poivre.

Faire griller au four de 40 à 45 minutes jusqu'à ce que les légumes soient dorés et légèrement caramélisés.

Battre légèrement l'œuf, le lait, l'huile d'olive et 65 ml (¼ de tasse) d'eau. Tamiser au-dessus la farine de maïs et la farine, puis mélanger pour obtenir une pâte lisse. Filtrer et réserver.

Faire chauffer une crêpière ou une poêle antiadhésive. Y mettre un peu d'huile et d'eau en vaporisateur, verser 30 ml (2 c. à soupe) de pâte au centre et imprimer un rapide mouvement de rotation pour que la pâte s'étale en un rond. Faire cuire 1 minute de chaque côté en décollant les bords avec une spatule. Faire glisser dans une assiette. Préparer 7 autres crêpes de la même façon.

Répartir les légumes grillés entre les 8 crêpes, puis les rouler serré. Disposer les crêpes, le pli vers le bas, dans un plat de cuisson. Verser la sauce tomate dessus, puis parsemer de fromage. Bien faire réchauffer au four jusqu'à ce que le fromage soit fondu et qu'il bouillonne. Servir.

Par portion : 281 kcal, 12 g de gras, 3 g de gras saturés, 0,35 g de sodium

Ratatouille aux trois courges *J'ai toujours aimé les courges et il existe tant de variétés qu'on peut en trouver en tout temps. La courge musquée et le giraumon turban sont deux courges d'hiver qui sont d'excellentes sources de fer et de vitamines A et C. Servez cette ratatouille avec du riz et vous obtiendrez un délicieux repas végétarien.* **Donne 4 portions**

10 ml (2 c. à thé) d'huile d'olive
3 ciboules, hachées
3 gousses d'ail
1 poivron vert, épépiné, en dés de 2,5 cm (1 po)
250 g (½ lb) de courge musquée, épépinée, en dés de 2,5 cm (1 po)
250 g (½ lb) de giraumon turban, épépiné, en dés de 2,5 cm (1 po)
2 courgettes, en tranches épaisses
400 g (14 oz) de tomates en conserve, hachées
15 ml (1 c. à soupe) de purée de tomate
15 ml (1 c. à soupe) de sucre
1 feuille de laurier
15 ml (1 c. à soupe) de basilic haché
5 ml (1 c. à thé) de thym
Le zeste de ½ citron
Poivre noir fraîchement moulu

Préchauffer le four à 160 °C / 325 °F / 3 au four à gaz.

Faire chauffer l'huile d'olive dans un plat antiadhésif allant au four, ajouter les ciboules, l'ail et le poivron vert et faire cuire à feu moyen de 3 à 4 minutes, ou jusqu'à ce que les légumes soient tendres.

Ajouter les courges et les courgettes, couvrir et poursuivre la cuisson 5 minutes. Ajouter les tomates avec leur jus et le reste des ingrédients. Couvrir et poursuivre la cuisson au four 30 minutes, ou jusqu'à ce que les légumes soient tendres.

Retirer la feuille de laurier avant de servir.

Par portion : 111 kcal, 2 g de gras, 0 g de gras saturés, 0,1 g de sodium

Fettucine crémeuses aux noisettes, au céleri et aux fines herbes

Les pâtes et les noix ont beaucoup d'affinités, surtout lorsqu'on les combine à des fines herbes fraîches. Il est possible de remplacer les fettucine par d'autres sortes de pâtes, des tagliatelle ou des pappardelle, par exemple. Donne 4 portions

50 g (2 oz) de noisettes blanchies, légèrement grillées
150 ml (2/3 de tasse) de ricotta
2 gousses d'ail, écrasées
5 ml (1 c. à thé) d'huile d'olive
1 échalote, hachée finement
2 branches de céleri, en dés fins
450 g (1 lb) de fettucine fraîches ou sèches
Poivre noir fraîchement moulu
Muscade moulue
15 ml (1 c. à soupe) de persil plat, haché grossièrement
15 ml (1 c. à soupe) de basilic haché grossièrement

Au mélangeur, réduire en une purée lisse les noix, le fromage et l'ail.

Faire chauffer l'huile d'olive dans une casserole, ajouter l'échalote, le céleri et 30 ml (2 c. à soupe) d'eau, couvrir et faire cuire à feu doux jusqu'à ce que l'eau soit absorbée et les légumes, tendres.

Faire cuire les pâtes dans de l'eau bouillante jusqu'à ce qu'elles soient *al dente* et assaisonner de poivre et de muscade. Ajouter la sauce aux noisettes et bien mélanger. Incorporer le persil et le basilic et servir.

Par portion : 540 kcal, 15 g de gras, 4 g de gras saturés, 0,06 g de sodium

Gnocchis à l'ail rôti et au safran avec une caponata au fenouil

Ces gnocchis sont un peu longs à préparer, mais ils en valent la peine. Le safran frais peut être remplacé par du safran en poudre, qui n'a pas la même saveur mais est plus économique. Donne 4 portions

900 g (2 lb) de pommes de terre, pelées et coupées en morceaux
1 bonne pincée de safran dissous dans 15 ml (1 c. à soupe) d'eau bouillante
5 ml (1 c. à thé) de purée d'ail rôti (voir page 38)
Poivre noir fraîchement moulu
275 g (10 oz) de farine
1 œuf
1 poignée de feuilles de basilic

Pour la caponata :
15 ml (1 c. à soupe) d'huile d'olive
2 bulbes de fenouil, coupés en dés de 1 cm (½ po)
12 olives noires, dénoyautées et coupées en deux
30 ml (2 c. à soupe) de vinaigre balsamique
75 g (3 oz) de tomates séchées
2 ml (½ c. à thé) de sucre semoule

Mettre les pommes de terre dans une casserole, couvrir d'eau et porter à ébullition. Faire cuire jusqu'à ce qu'elles soient tendres, égoutter, remettre dans la casserole et faire sécher à feu doux.

Piler les pommes de terre finement. Ajouter le safran, l'eau et l'ail en purée. Assaisonner de poivre noir et bien mélanger.

Ajouter la farine et l'œuf et mélanger en une pâte lisse. Avec les mains farinées, rouler la pâte en cylindres de 2 cm (¾ de po) de diamètre, puis couper en rondelles de 2 cm (¾ de po). Avec le dos d'une fourchette, pratiquer des rainures sur les gnocchis, puis les déposer sur un plateau fariné.

Pour la caponata, faire chauffer l'huile dans une casserole, ajouter le fenouil et 30 ml (2 c. à soupe) d'eau, couvrir et faire cuire jusqu'à ce que le fenouil soit tendre et l'eau, évaporée.

Ajouter les olives, le vinaigre, les tomates et le sucre et poursuivre la cuisson 10 minutes. Poivrer au goût et garder au chaud.

Faire cuire les gnocchis dans de l'eau bouillante jusqu'à ce qu'ils remontent à la surface, puis les retirer et bien les égoutter.

Servir les gnocchis avec la caponata, parsemés de basilic ciselé.

Par portion : 498 kcal, 7 g de gras, 1 g de gras saturés, 0,47 g de sodium

Tagliatelle aux légumes d'été, au citron et à l'estragon *Il est aussi facile d'acheter des pâtes fraîches que des pâtes sèches. On peut également déguster ce repas froid, rehaussé de une ou deux cuillerées de vinaigrette.* Donne 4 portions

- Le jus de ½ citron
- 15 ml (1 c. à soupe) d'huile d'olive
- 5 ml (1 c. à thé) de miel
- 2 ciboules, hachées finement
- 30 ml (2 c. à soupe) d'estragon haché grossièrement
- 200 g (7 oz) d'asperges
- 100 g (¼ de lb) de mini-courgettes, coupées en tranches épaisses
- 50 g (2 oz) de petits pois frais ou surgelés
- 500 g (1 lb) de tagliatelle fraîches ou sèches
- 12 tomates séchées
- Poivre noir fraîchement moulu

Préparer une vinaigrette au citron légère en fouettant dans un bol le jus de citron, l'huile d'olive, le miel, les ciboules et l'estragon.
Rompre l'extrémité dure des asperges et, avec un couteau économe, peler avec soin les pointes. Couper en morceaux de 2,5 cm (1 po).
Faire cuire les asperges 2 minutes dans de l'eau bouillante, puis les retirer avec une cuillère à égoutter et les passer rapidement sous l'eau froide.
Faire cuire les courgettes dans de l'eau bouillante 1 minute, les retirer et les passer rapidement sous l'eau froide. Ajouter les petits pois à l'eau bouillante et les faire cuire de 2 à 3 minutes, les retirer et les passer rapidement sous l'eau froide.
Faire cuire les pâtes fraîches dans beaucoup d'eau bouillante de 2 à 3 minutes, ou jusqu'à ce qu'elles soient *al dente* (les pâtes sèches prendront un peu plus de temps). Égoutter les pâtes en réservant 65 ml (¼ de tasse) d'eau de cuisson, puis remettre les pâtes dans la casserole, ajouter les asperges, les courgettes, les petits pois et les tomates et bien mélanger.
Ajouter la vinaigrette au citron et l'eau des pâtes réservée, assaisonner de poivre noir au goût, bien mélanger et servir.

Par portion : 420 kcal, 7 g de gras, 1 g de gras saturés, 0,16 g de sodium

Casarecce aux poivrons rouges grillés et aux petits pois *Les casarecce sont des pâtes roulées à la main et façonnées en torsade. On les trouve dans les épiceries italiennes. D'autres variétés de pâtes tubulaires ou torsadées peuvent aussi être utilisées.* Donne 4 portions

- 30 ml (2 c. à soupe) d'huile d'olive
- 2 gros poivrons rouges
- 100 g (¼ de lb) de petits pois frais ou surgelés
- 450 g (1 lb) de casarecce sèches
- 75 ml (5 c. à soupe) de crème légère
- 30 ml (2 c. à soupe) de basilic haché
- Poivre noir fraîchement moulu

Préchauffer une poêle à fond cannelé jusqu'à ce qu'elle soit chaude, puis en badigeonner la surface avec 15 ml (1 c. à soupe) d'huile d'olive. Faire griller les poivrons de 8 à 10 minutes jusqu'à ce que la peau soit noircie. Retirer les poivrons et les mettre dans un sac de plastique de 2 à 3 minutes jusqu'à ce que la peau se détache. Retirer les poivrons du sac, les peler et les couper en larges bandes.
Faire cuire les petits pois dans de l'eau bouillante 2 minutes jusqu'à ce qu'ils soient tendres, les passer sous l'eau froide, égoutter et assécher.
Faire cuire les pâtes dans beaucoup d'eau bouillante de 10 à 12 minutes jusqu'à ce qu'elles soient *al dente*. Bien égoutter.
Entre-temps, faire chauffer le reste de l'huile dans une casserole antiadhésive, ajouter les lanières de poivron et la crème et faire cuire 1 minute. Incorporer les petits pois, le basilic et les pâtes. Assaisonner de poivre noir et servir immédiatement.

Par portion : 518 kcal, 11 g de gras, 3 g de gras saturés, 0,04 g de sodium

Risotto aux aubergines, aux olives vertes et au citron confit

Ce risotto végétarien a un petit quelque chose de marocain. Il existe plusieurs variétés de riz pour le risotto, mais je préfère le vialamo namo. Il est savoureux et contient peu d'amidon, ce qui donne un grain ferme et moelleux. **Donne 4 portions**

15 ml (1 c. à soupe) d'huile d'olive
1 aubergine, coupée en cubes de 2,5 cm (1 po) et blanchie
1 oignon, haché finement
200 g (7 oz) de riz pour risotto vialamo namo
700 ml (2 ¾ tasses) de bouillon de légumes chaud (voir page 39)
12 grosses olives vertes, dénoyautées
15 ml (1 c. à soupe) de citron confit haché finement
30 ml (2 c. à soupe) de persil plat haché grossièrement
Poivre noir fraîchement moulu

Faire chauffer l'huile dans une grande casserole antiadhésive. Lorsqu'elle est chaude, ajouter l'aubergine et l'oignon et faire revenir de 4 à 5 minutes, ou jusqu'à ce que les légumes soient légèrement dorés.

Ajouter le riz et mélanger aux légumes. Mouiller avec le bouillon de légumes, une louche à la fois, en remuant continuellement jusqu'à ce que le liquide soit tout absorbé avant d'en rajouter. Faire cuire de 20 à 25 minutes.

Ajouter les olives, le citron et le persil, assaisonner de poivre noir au goût et servir.

Les restes de risotto mélangés à un peu de vinaigrette pauvre en gras font une excellente salade.

Par portion : 237 kcal, 6 g de gras, 1 g de gras saturés, 0,5 g de sodium

Risotto à la citrouille cuit au four

Cette recette de risotto élimine la tâche fastidieuse de remuer sans cesse pendant la cuisson. Une fois que le plat est mis au four, vous pouvez vous consacrer à autre chose. La citrouille, qui est riche en bêta-carotène, connaît un regain de popularité. **Donne 4 portions**

450 g (1 lb) de citrouille, pelée et en dés de 1 cm (½ po)
1 petit oignon, haché finement
1 gousse d'ail, écrasée
Huile et eau en vaporisateur (voir page 33)
Poivre noir fraîchement moulu
200 g (7 oz) de riz pour risotto vialamo namo
Le zeste de ½ citron
700 ml (2 ¾ tasses) de bouillon de légumes chaud (voir page 39)
30 g (1 oz) de parmesan, râpé finement

Préchauffer le four à 200 °C / 400 °F / 6 au four à gaz.

Mettre la citrouille, l'oignon et l'ail dans une casserole antiadhésive allant au four. Enduire légèrement les légumes d'huile et d'eau en vaporisateur et assaisonner légèrement de poivre noir.

Faire cuire au four de 15 à 20 minutes, jusqu'à ce que les légumes soient dorés et légèrement caramélisés, en les retournant régulièrement.

Parsemer de riz et de zeste de citron et mélanger. Mouiller avec le bouillon très chaud et bien mélanger.

Couvrir de papier d'aluminium et poursuivre la cuisson au four de 25 à 30 minutes ou jusqu'à ce que le riz soit tendre et le bouillon, tout absorbé.

Incorporer la moitié du parmesan, parsemer le reste du fromage sur le risotto et servir immédiatement.

Par portion : 228 kcal, 3 g de gras, 2 g de gras saturés, 0,31 g de sodium

Poisson en croûte aux amandes, frites et ketchup au cumin

Contrairement à la recette originale, cette variante est pauvre en gras. La chapelure panko, d'origine japonaise, se trouve dans les épiceries orientales.

Donne 4 portions

Pour le poisson pané :
75 g (3 oz) de chapelure panko ou de chapelure ordinaire
50 g (2 oz) d'amandes hachées
7 ml (1 ½ c. à thé) de cumin moulu
2 ml (½ c. à thé) de coriandre moulue
1 ml (¼ de c. à thé) de paprika fumé
1 pincée de curcuma moulu
Poivre noir fraîchement moulu
4 filets de flétan de 175 g (6 oz) chacun, coupés en doigts
40 g (1 ½ oz) de farine
2 blancs d'œufs, battus légèrement
Huile et eau en vaporisateur (voir page 33)
1 citron, tranché, pour garnir

Pour les frites :
600 g (1 ¼ lb) de pommes de terre
5 ml (1 c. à thé) d'huile non saturée
Le blanc de 1 gros œuf , battu légèrement

Pour le ketchup au cumin :
30 ml (2 c. à soupe) de yogourt nature pauvre en gras
2 ml (½ c. à thé) de cumin moulu
90 ml (⅓ de tasse) de ketchup aux tomates

Préchauffer le four à 200 °C / 400 °F / 6 au four à gaz.

Laver les pommes de terre et les détailler en quartiers de même taille, bien les assécher puis les enrober de blanc d'œuf. Déposer sur une plaque de cuisson, le côté peau dessous, et faire cuire au four de 40 à 45 minutes, ou jusqu'à ce qu'elles soient cuites et dorées.

Mélanger la chapelure, les amandes et les épices dans un bol avec un peu de poivre.

Assaisonner le poisson ; le passer dans la farine, dans le blanc d'œuf battu et dans la chapelure épicée.

Graisser légèrement le poisson d'huile et d'eau en vaporisateur, puis le déposer sur une plaque de cuisson antiadhésive.

Faire cuire au four jusqu'à ce qu'il soit doré, de 5 à 6 minutes.

Pour préparer le ketchup, mélanger tous les ingrédients dans un bol et poivrer au goût. Servir le poisson et les frites avec le ketchup et garnir de quelques tranches de citron.

Par portion : 530 kcal, 13 g de gras, 1 g de gras saturés, 0,69 g de sodium

Flétan grillé aux artichauts, pommes de terre et sauce persillée au chili

Avec sa chair tendre et moelleuse, le flétan se prête bien à la cuisson au gril, surtout l'été. Donne 4 portions

300 g (11 oz) de grosses pommes de terre nouvelles
Huile et eau en vaporisateur (voir page 33)
400 g (14 oz) d'artichauts en conserve dans l'eau, égouttés et coupés en deux
15 ml (1 c. à soupe) de très petites câpres, égouttées et rincées
4 filets de flétan épais, de 175 g (6 oz) chacun, sans la peau

Pour la sauce :
2 ml (½ c. à thé) de moutarde forte
½ petit piment chili vert, épépiné et haché finement
Le jus de ½ citron
5 ml (1 c. à thé) de vinaigre balsamique
5 ml (1 c. à thé) d'huile d'olive
2 filets d'anchois en conserve, rincés et hachés finement
30 ml (2 c. à soupe) de persil grossièrement haché
Poivre noir fraîchement moulu

Faire cuire les pommes de terre dans de l'eau bouillante de 15 à 20 minutes ou jusqu'à ce qu'elles soient tendres, les passer sous l'eau froide et bien les égoutter. Les couper en deux dans le sens de la longueur et réserver.

Pour préparer la sauce, mélanger dans un bol la moutarde, le chili, le jus de citron et le vinaigre balsamique. Incorporer graduellement l'huile, les anchois, 100 ml (⅓ de tasse) d'eau et le persil haché. Bien mélanger et poivrer au goût.

Faire chauffer une poêle à fond cannelé à feu vif, y mettre un peu d'huile et d'eau en vaporisateur, puis y faire cuire les pommes de terre de 5 à 6 minutes, en les retournant régulièrement pendant la cuisson, jusqu'à ce qu'elles soient dorées et légèrement noircies. Retirer et garder au chaud. Procéder de la même façon avec les artichauts, puis les mélanger avec les pommes de terre et les câpres. Garder au chaud.

Assaisonner les filets de flétan, ajouter un peu d'huile et d'eau en vaporisateur et les faire griller de 2 à 3 minutes de chaque côté.

Répartir les légumes entre 4 assiettes, garnir d'un filet de flétan grillé, napper d'un peu de sauce et servir.

Par portion : 263 kcal, 5 g de gras, 1 g de gras saturés, 0,39 g de sodium

Morue à la moutarde, au zeste de citron et aux câpres

Une variante d'un plat que je préparais lorsque je travaillais au Royal Garden à Londres. Je ne l'ai jamais oubliée et je la publie ici pour la postérité. **Donne 4 portions**

Huile et eau en vaporisateur (voir page 33)
5 ml (1 c. à thé) de moutarde forte
4 filets de morue épais de 175 g (6 oz) chacun, sans la peau
4 tomates
2 courgettes
Le jus et le zeste de ½ citron
15 ml (1 c. à soupe) de très petites câpres, égouttées et rincées
65 ml (¼ de tasse) de vin blanc sec
150 ml (⅔ de tasse) de fumet de poisson (voir page 39)
2 ml (½ c. à thé) de thym mariné
15 ml (1 c. à soupe) d'estragon haché grossièrement

Préchauffer le four à 200 °C / 400 °F / 6 au four à gaz.
Graisser légèrement une grande plaque de cuisson avec de l'huile et de l'eau en vaporisateur. Badigeonner de moutarde les filets de poisson et les placer sur la plaque de cuisson.
Détailler les tomates et les courgettes en tranches de 1 cm (½ po) d'épaisseur. Faire blanchir les courgettes dans de l'eau bouillante 1 minute, égoutter, passer sous l'eau froide et assécher. En alternant, poser des tranches de tomate et de courgette sur les filets de poisson de sorte qu'elles se chevauchent. Parsemer d'un peu de zeste de citron et de quelques câpres.
Mouiller avec le vin blanc, le fumet de poisson et le jus de citron ; parsemer de thym et d'estragon.
Couvrir lâchement de papier d'aluminium pour retenir le jus et faire cuire au four de 5 à 8 minutes environ selon l'épaisseur des filets.
Lorsque le poisson est cuit, le dresser dans des assiettes. Filtrer le liquide de cuisson et en napper le poisson avant de servir.

Par portion : 187 kcal, 2 g de gras, 0 g de gras saturés, 0,31 g de sodium

Morue caramélisée aux échalotes aigres-douces

La morue est un poisson très délicat qu'on peut tout aussi bien faire cuire au four, pocher ou braiser, comme dans cette recette. **Donne 4 portions**

12 échalotes thaïlandaises, pelées
65 ml (¼ de tasse) de sauce soja légère pauvre en sel
30 g (1 oz) de cassonade
65 ml (¼ de tasse) de vinaigre de vin blanc
1 morceau de gingembre de 5 cm (2 po), pelé et haché très finement
5 ml (1 c. à thé) de graines de coriandre
1 ml (¼ de c. à thé) de poivre noir fraîchement moulu
4 filets de morue de 175 g (6 oz) chacun, sans la peau
75 ml (3 oz) de vin blanc sec
225 ml (1 tasse) de fumet de poisson (voir page 39)
75 ml (3 oz) de jus d'orange
15 ml (1 c. à soupe) de ciboulette hachée finement

Préchauffer le four à 200 °C / 400 °F / 6 au four à gaz.
Faire cuire les échalotes dans de l'eau bouillante de 3 à 4 minutes. Les retirer avec une cuillère à égoutter, passer sous l'eau froide et bien assécher.
Dans une grande casserole antiadhésive allant au four, faire chauffer un peu de sauce soja avec la cassonade et le vinaigre ; porter à ébullition. Ajouter le gingembre, les graines de coriandre et le poivre noir ; faire cuire jusqu'à ce que le liquide se caramélise légèrement en un sirop.
Assaisonner les filets avec un peu de poivre et les mettre dans le sirop. Faire cuire 2 minutes jusqu'à ce qu'ils commencent à caraméliser, puis les retourner avec une spatule.
Mouiller avec le vin blanc, le fumet de poisson et le jus d'orange, puis entourer le poisson d'échalotes. Couvrir et mettre au four de 4 à 5 minutes, jusqu'à ce que le poisson soit cuit.
Dresser le poisson dans des assiettes, garnir d'échalotes et napper de sauce. Si la sauce est trop liquide, la faire réduire jusqu'à ce qu'elle nappe le dos d'une cuillère. Parsemer de ciboulette et accompagner d'une purée de patates douces préparée avec des piments chilis rouges hachés finement et du lait écrémé.

Par portion : 210 kcal, 2 g de gras, 0 g de gras saturés, 0,89 g de sodium

Bar à la vapeur au gingembre et au chili

Le bar commun, le roi des poissons, se sert merveilleusement bien lors d'un repas spécial. Il est aussi possible de le remplacer par de la truite ou du saumon. **Donne 4 portions**

- 1 poignée d'algues
- 1 morceau de gingembre de 2,5 cm (1 po), pelé et haché finement; garder les rognures
- 2 étoiles d'anis
- 4 filets de bar épais de 175 g (6 oz) chacun, sans la peau
- ½ tige de citronnelle, hachée très finement

Pour le bouillon :

- 4 ciboules, en morceaux de 2,5 cm (1 po)
- 8 champignons shiitake, tranchés
- 150 ml (⅔ de tasse) de bouillon de poulet (voir page 39)
- 1 gousse d'ail, écrasée
- 30 ml (2 c. à soupe) de xérès sec
- 15 ml (1 c. à soupe) de sauce soja pauvre en sel
- 30 ml (2 c. à soupe) de sauce chili sucrée
- 5 ml (1 c. à thé) d'huile de sésame
- 30 ml (2 c. à soupe) de basilic ciselé grossièrement

Mettre les algues, les rognures de gingembre et l'anis étoilé dans une casserole suffisamment grande pour déposer dessus une étuveuse en bambou. Couvrir de 300 ml (1 ¼ tasse) d'eau, porter à ébullition et laisser mijoter de 2 à 3 minutes.

Mettre les filets de bar dans l'étuveuse et les parsemer de gingembre et de citronnelle finement hachés. Couvrir, déposer au-dessus de la casserole et faire cuire 5 minutes.

Entre-temps, préparer le bouillon. Mettre tous les ingrédients dans une casserole et porter à ébullition, puis laisser mijoter de 2 à 3 minutes pour permettre aux saveurs de se mêler.

Dresser le poisson dans des bols creux, arroser de bouillon et servir avec du riz vapeur et des légumes orientaux tels que du pak choï (chou chinois) ou du brocoli chinois.

Par portion : 212 kcal, 5 g de gras, 1 g de gras saturés, 0,57 g de sodium

Morue aux poivrons et aux portobellos à la bolonaise

Pour moi, la morue est un des poissons les meilleurs et les plus polyvalents : il peut se préparer poché, au four ou frit et se marie avec bien des saveurs. Cette sauce aux poivrons et aux champignons épicée en est un bon exemple. **Donne 4 portions**

- Huile et eau en vaporisateur (voir page 33)
- 1 oignon, en petits dés
- 1 gousse d'ail, écrasée
- 1 carotte, en petits dés
- 50 g (2 oz) de chorizo, en petits dés
- 1 poivron rouge, rôti, épluché, épépiné et haché finement
- 2 champignons portobellos, pelés et hachés finement
- 15 ml (1 c. à soupe) de thym
- 200 g (7 oz) de tomates en conserve, concassées
- 5 ml (1 c. à thé) de purée de tomate
- 15 ml (1 c. à soupe) de cassonade
- 65 ml (¼ de tasse) de vin rouge
- 5 ml (1 c. à thé) de sauce Worcestershire
- 4 filets de morue de 175 g (6 oz) chacun, sans la peau
- Poivre noir fraîchement moulu
- 1 pincée de paprika

Pour préparer la sauce bolonaise, mettre un peu d'huile et d'eau en vaporisateur dans une poêle antiadhésive et faire chauffer. Ajouter l'oignon, l'ail, la carotte et 10 ml (2 c. à thé) d'eau ; couvrir. Faire cuire 5 minutes environ jusqu'à ce que les légumes commencent à s'attendrir, en remuant régulièrement.

Ajouter le chorizo, le poivron rouge, les champignons portobellos et le thym et poursuivre la cuisson 5 minutes. Ajouter les tomates, la purée de tomate, la cassonade, le vin rouge et la sauce Worcestershire et laisser mijoter 20 minutes à feu moyen.

Faire chauffer une autre poêle antiadhésive contenant un peu d'huile et d'eau en vaporisateur. Assaisonner les filets de morue de poivre noir et d'une pincée de paprika et faire cuire de 3 à 4 minutes de chaque côté, ou jusqu'à ce qu'ils soient dorés et croustillants. Retirer de la poêle et servir avec la sauce bolonaise sur un lit de pâtes fraîches.

Par portion : 251 kcal, 5 g de gras, 1 g de gras saturés, 0,25 g de sodium

Merlu et coquillages au beurre au persil

Pas de panique ! Ce beurre au persil est en fait une pâte à l'ail et au persil qui a la consistance et le goût du beurre sans être aussi riche en gras. Il est possible de remplacer le merlu par de la morue. **Donne 4 portions**

- Huile et eau en vaporisateur (voir page 33)
- 4 darnes de merlu de 175 g (6 oz) chacune
- Poivre noir fraîchement moulu
- 250 g (½ lb) de moules grattées et ébarbées
- 250 g (½ lb) de petites palourdes, lavées
- 650 ml (2 ½ tasses) de fumet de poisson chaud (voir page 39)

Pour le beurre au persil :

- 3 gousses d'ail, écrasées
- 1 filet d'anchois en conserve, égoutté et rincé
- 1 poignée de persil plat

Pour préparer le beurre au persil, réduire au mélangeur en une pâte l'ail, l'anchois et le persil. Verser dans un bol, couvrir et conserver au réfrigérateur.

Enduire légèrement d'huile et d'eau en vaporisateur une grande casserole. Assaisonner de poivre les darnes de merlu et les déposer dans la casserole.

Les couvrir des moules et des palourdes, puis mouiller avec le fumet de poisson chaud. Porter à ébullition à feu vif, couvrir, baisser le feu et faire cuire de 4 à 5 minutes, ou jusqu'à ce que le poisson soit cuit et tendre et les coquillages, ouverts.

Mettre le poisson et les coquillages ouverts dans 4 bols.

Remettre la casserole sur le feu, incorporer au fouet le beurre au persil, assaisonner au goût, verser sur le poisson et servir.

Par portion : 200 kcal, 5 g de gras, 1 g de gras saturés, 0,48 g de sodium

Rouget mariné des Antilles

Rien de mieux qu'une marinade pour relever le goût du poisson et la sauce froide est parfaite pour les aliments épicés qui l'accompagnent. **Donne 4 portions**

- 4 filets de rouget, sans la peau
- Huile et eau en vaporisateur (voir page 33)

Pour la pâte bajan :

- 4 ciboules
- 1 poivron vert, épépiné et haché
- 1 branche de céleri, pelée et hachée
- 1 piment chili rouge, sans la queue et haché
- 15 ml (1 c. à soupe) de feuilles de thym
- 15 ml (1 c. à soupe) de feuilles de marjolaine
- 60 ml (¼ de tasse) de persil plat haché
- Le jus de 2 limes
- 4 gousses d'ail, pelées
- Poivre noir fraîchement moulu

Pour la sauce mojo :

- 1 mangue, pelée, en dés de 1 cm (½ po)
- 1 oignon rouge, haché
- 3 tomates italiennes, épépinées, en dés de 1 cm (½ po)
- 1 gousse d'ail, écrasée
- Le jus de 2 limes
- 30 ml (2 c. à soupe) de menthe hachée grossièrement
- 5 ml (1 c. à thé) de sucre

Préchauffer le four à 230 °C / 450 °F / 8 au four à gaz.

Au mélangeur, réduire en pâte tous les ingrédients pour la pâte bajan.

Dans un plat peu profond, enduire les filets de rouget de pâte bajan, couvrir d'une pellicule de plastique et faire mariner au moins 2 heures à la température ambiante.

Pour préparer la sauce mojo, mettre tous les ingrédients dans un bol et laisser mariner 30 minutes.

Enlever tout excédent de marinade autour des filets et les placer sur une plaque de cuisson antiadhésive graissée d'un peu d'huile et d'eau en vaporisateur. Mettre au four de 8 à 9 minutes, ou jusqu'à ce qu'ils soient cuits.

Napper de sauce mojo et servir sur un lit de riz vapeur avec un peu de citrouille ou de courge grillée.

Par portion : 250 kcal, 3 g de gras, 0 g de gras saturés, 0,15 g de sodium

Thon grillé, bettes à carde et sauce à la marocaine

Le thon frais devient de plus en plus populaire grâce à sa chair charnue riche en oméga-3. Il ne doit cependant pas être trop cuit, car il deviendra sec et perdra sa texture. **Donne 4 portions**

15 ml (1 c. à soupe) d'huile d'olive
2 ml (½ c. à thé) de cumin moulu
½ ml (⅛ de c. à thé) de curcuma moulu
2 ml (½ c. à thé) de cannelle moulue
2 poivrons rouges rôtis, pelés, épépinés, en dés de 5 mm (¼ de po)
2 tomates, blanchies, épépinées, en dés de 5 mm (¼ de po)
12 olives noires, dénoyautées
100 ml (⅓ de tasse) de jus de tomate
2 ml (½ c. à thé) de poivre de Cayenne
1 gousse d'ail, écrasée
30 ml (2 c. à soupe) de coriandre hachée grossièrement
30 ml (2 c. à soupe) de menthe hachée grossièrement
75 g (3 oz) de dattes fraîches, dénoyautées, pelées, en dés de 5 mm (¼ de po)
Le jus et le zeste de ½ orange
Le jus de 1 citron
Poivre noir fraîchement moulu
400 g (14 oz) de feuilles de bettes à carde
4 filets de thon épais de 175 g (6 oz) chacun

Faire chauffer à feu moyen la moitié de l'huile dans une casserole antiadhésive, puis ajouter le cumin, le curcuma et la cannelle et laisser infuser 30 secondes. Ajouter les poivrons, les tomates, les olives et le jus de tomate et poursuivre la cuisson 2 minutes. Ajouter les autres ingrédients, sauf le reste de l'huile, les feuilles de bettes à carde et le thon. Poivrer au goût et garder au chaud.
Faire cuire les feuilles de bettes à carde de 2 à 3 minutes dans de l'eau bouillante, puis les retirer et les égoutter. (Ou les faire cuire à la vapeur dans une passoire placée au-dessus d'une casserole d'eau bouillante.)
Faire chauffer une poêle à fond cannelé jusqu'à ce qu'elle soit sur le point de fumer, puis la badigeonner avec l'huile qui reste. Assaisonner les filets de thon et les faire cuire de 1 à 2 minutes de chaque côté jusqu'à ce que l'extérieur soit noirci et l'intérieur, légèrement rosé.
Accompagner les darnes de thon de feuilles de bettes à carde, napper de sauce et servir avec du couscous, si désiré.

Par portion : 354 kcal, 13 g de gras, 3 g de gras saturés, 0,51 g de sodium

Crevettes au chili fumé, fenouil et tzatziki à la betterave

Le tzatziki est une sauce d'origine grecque à base de concombre et de yogourt. Ici, j'ai utilisé de la betterave, dont la saveur douce équilibre celle du yogourt.
Donne 4 portions

1 gros bulbe de fenouil
100 ml (⅓ de tasse) de vinaigre de vin de riz ou de vin blanc
45 ml (3 c. à soupe) de sucre semoule
5 ml (1 c. à thé) de paprika fumé
1 ml (¼ de c. à thé) de poudre de chili
16 grosses crevettes tigrées, décortiquées et déveinées
30 ml (2 c. à soupe) d'aneth haché, plus quelques brins pour garnir
4 quartiers de citron, pour garnir

Pour le tzatziki à la betterave :
100 ml (⅓ de tasse) de yogourt nature pauvre en gras
2 betteraves moyennes, cuites et râpées
1 gousse d'ail, écrasée
15 ml (1 c. à soupe) de vinaigre de vin rouge
15 ml (1 c. à soupe) d'huile d'olive
Poivre noir fraîchement moulu

Avec une mandoline, trancher finement le fenouil, puis le mettre dans un bol.
À feu doux, faire chauffer le vinaigre de vin de riz et le sucre dans une casserole jusqu'à ce que le sucre soit dissous. Verser le vinaigre chaud sur le fenouil, couvrir d'une pellicule de plastique et laisser mariner 1 heure.
Dans un autre bol, mélanger le paprika et la poudre de chili, puis enrober les crevettes de ce mélange.
Pour préparer le tzatziki, mélanger le yogourt, les betteraves râpées et l'ail dans un bol. Incorporer le vinaigre et l'huile d'olive et assaisonner de poivre noir.
Faire revenir les crevettes à sec dans une casserole antiadhésive chaude en les retournant continuellement, jusqu'à ce qu'elles soient cuites et légèrement noircies, de 2 à 3 minutes environ.
Égoutter le fenouil et le mélanger à l'aneth haché.
Pour servir, répartir le fenouil entre 4 assiettes, napper d'un peu de tzatziki à la betterave et garnir des crevettes. Garnir de quelques brins d'aneth et d'un quartier de citron.

Par portion : 202 kcal, 4 g de gras, 1 g de gras saturés, 0,29 g de sodium

Truite en papillote de papier *J'ai appris comment faire cuire le poisson dans du papier journal lors d'un voyage de pêche au saumon en Écosse. Le pêcheur nous a montré comment faire cuire nos prises sur le feu. Cependant, la cuisson au four est parfaite pour retenir les saveurs.* **Donne 4 portions**

2 kg (4 lb) de truite ou de saumon paré
Poivre noir fraîchement moulu
4 feuilles de papier journal
1 feuille de papier sulfurisé (parchemin)
Huile et eau en vaporisateur (voir page 33)
60 ml (¼ de tasse) de crème légère
60 ml (¼ de tasse) d'aneth
½ citron, tranché finement
60 ml (¼ de tasse) de Pernod (ou d'une autre liqueur à l'anis)

Préchauffer le four à 200 °C / 400 °F / 6 au four à gaz.
Assécher l'intérieur de la truite avec du papier absorbant et assaisonner de poivre noir.
Bien imbiber d'eau le papier journal et le papier sulfurisé.
Superposer les feuilles de papier journal sur une surface plane, poser dessus la feuille de papier sulfurisé et graisser d'un peu d'huile et d'eau en vaporisateur. Déposer la truite au centre du papier, arroser de la crème et parsemer d'aneth. Disposer les rondelles de citron sur la truite et arroser de Pernod.
Envelopper délicatement le poisson dans le papier en repliant les extrémités vers l'intérieur pour bien sceller la papillote. Déposer sur une plaque de cuisson et faire cuire au four de 30 à 40 minutes ou jusqu'à ce que le papier soit sec, ce qui indique que le poisson est cuit.
Déballer le poisson devant les invités et détailler en portions. Servir avec des courgettes, des amandes et des pommes de terre nouvelles.

Par portion : 373 kcal, 13 g de gras, 4 g de gras saturés, 0,17 g de sodium

Saumon à la vapeur, au miso et au gingembre *J'admets avoir mis l'accent sur la cuisine asiatique dans cette section ; j'aime beaucoup ce type de cuisine délicate, aux saveurs robustes, pauvre en gras mais riche en goût. Le miso (pâte de soja fermenté) se trouve dans les épiceries orientales ou d'aliments naturels.* **Donne 4 portions**

15 ml (1 c. à soupe) de miso rouge
5 ml (1 c. à thé) d'huile non saturée
30 ml (2 c. à soupe) de ketchap manis (sauce soja indonésienne)
1 morceau de gingembre de 5 cm (2 po), pelé et haché très finement
15 ml (1 c. à soupe) de vinaigre de vin de riz
15 ml (1 c. à soupe) de miel
4 filets de saumon de 175 g (6 oz) chacun, sans la peau
2 petits pak choï (choux chinois), coupés en deux dans le sens de la longueur
125 g (¼ de lb) de champignons shiitake, coupés en deux
6 ciboules, pelées et coupées en morceaux de 2,5 cm (1 po)
Poivre noir fraîchement moulu

Dans un bol, fouetter le miso avec l'huile, la moitié de la sauce soja et le gingembre. Incorporer le vinaigre de vin de riz et le miel.
Déposer les filets de saumon dans un plat peu profond, verser dessus le mélange au miso et retourner les filets pour bien les enrober. Couvrir d'une pellicule de plastique et réfrigérer 1 heure.
Retirer les filets de saumon de la marinade et les essuyer ; jeter la marinade. Déposer les filets de poisson à plat dans une étuveuse, couvrir et placer au-dessus d'une casserole d'eau bouillante. Faire cuire de 3 à 4 minutes ou jusqu'à ce que le poisson soit tendre.
En même temps, dans une autre étuveuse, faire cuire les pak choï, les champignons et les ciboules de 3 à 4 minutes, ou jusqu'à ce qu'ils soient tendres. Retirer du feu et assaisonner de poivre noir.
Servir les légumes vapeur garnis d'un filet de saumon et verser autour un peu de la sauce soja qui reste.

Par portion : 354 kcal, 20 g de gras, 4 g de gras saturés, 0,8 g de sodium

Arrancini au saumon, sauce aux tomates et au concombre

Arrancini est un terme italien qui désigne des boulettes de la taille d'une petite orange, faites de riz et de poisson ou de viande, puis cuites en grande friture. Le saumon en conserve est idéal et regorge d'éléments nutritifs bénéfiques. Il est aussi possible de faire cuire les arrancini au four ou sur le gril. **Donne 4 portions**

- 200 g (7 oz) de riz pour risotto, cuit
- 1 œuf dur, haché grossièrement
- 200 g (7 oz) de saumon rouge en conserve, égoutté et émietté
- 15 ml (1 c. à soupe) de basilic haché
- 15 ml (1 c. à soupe) de persil haché
- Poivre noir fraîchement moulu
- 1 blanc d'œuf, battu
- 150 g (5 oz) de panure blanche
- 1 citron, en tranches, pour garnir
- Feuilles de laitue, pour garnir

Pour la sauce :

- 100 ml (1/3 de tasse) de yogourt nature pauvre en gras
- 30 ml (2 c. à soupe) de basilic haché
- 4 tomates, en cubes de 1 cm (½ po)
- 100 g (¼ de lb) de concombre, en cubes de 1 cm (½ po)

Mettre le riz dans un bol, ajouter l'œuf, le saumon et les fines herbes hachées et poivrer. Réfrigérer 1 heure.

Préchauffer le four à 190 °C / 375 °F / 5 au four à gaz.

Façonner la préparation en boulettes d'environ 4 cm (1 ½ po) de diamètre. Bien les enrober de blanc d'œuf battu, puis de panure.

Placer sur une plaque de cuisson antiadhésive et faire cuire au four de 10 à 25 minutes, ou jusqu'à ce que les boulettes soient dorées et croustillantes, ou passer sous le gril en les retournant de temps à autre.

Pour préparer la sauce, mélanger le yogourt et le basilic, ajouter les tomates et le concombre et poivrer.

Napper les arrancini de sauce et garnir de citron et de feuilles de laitue. Ce plat est aussi délicieux servi avec des pommes de terre nouvelles et des haricots verts cuits à la vapeur.

Par portion : 427 kcal, 7 g de gras, 1 g de gras saturés, 0,52 g de sodium

Lotte à l'indienne

La lotte est un poisson à chair ferme qui n'est pas fragile. Elle se prête particulièrement bien à des plats consistants, avec des épices et des fines herbes, tels que ce plat indien. Servez-la avec du yogourt et du riz pour un repas complet. **Donne 4 portions**

- 350 g (¾ de lb) de riz basmati
- 10 ml (2 c. à thé) d'huile non saturée
- 750 g (1 ½ lb) de filet de lotte, paré
- 1 oignon, tranché
- 1 morceau de gingembre de 2,5 cm (1 po), haché finement
- 2 gousses d'ail, écrasées
- 5 ml (1 c. à thé) de coriandre moulue
- 2 ml (½ c. à thé) de graines de cumin
- 5 ml (1 c. à thé) de curcuma moulu
- 2 ml (½ c. à thé) de poudre de chili
- 200 g (7 oz) de chou-fleur, en fleurons
- 4 tomates, pelées et en quartiers
- 50 g (2 oz) de raisins de Smyrne
- 5 ml (1 c. à thé) de garam masala
- 2 œufs durs, en quartiers
- 75 g (3 oz) de noix de cajou
- Feuilles de coriandre, pour garnir

Verser le riz dans une passoire, le passer sous l'eau froide jusqu'à ce que l'eau qui s'en écoule soit claire, puis le mettre dans une casserole avec 600 ml (2 ⅓ tasses) d'eau. Porter à ébullition, baisser le feu et laisser mijoter 10 minutes ou jusqu'à ce que le riz soit tendre. Bien égoutter.

Faire chauffer à feu vif 5 ml (1 c. à thé) d'huile dans une casserole à fond épais. Y faire saisir le filet de lotte de 1 à 2 minutes, jusqu'à ce qu'il soit doré des deux côtés ; réserver. Ajouter le reste de l'huile, l'oignon, le gingembre et l'ail et faire cuire 1 minute. Ajouter la coriandre, le cumin, le curcuma et la poudre de chili et faire frire 2 minutes, en remuant sans arrêt pour éviter que les épices ne collent et ne brûlent.

Ajouter 600 ml (2 ⅓ tasses) d'eau et porter à ébullition. Incorporer le chou-fleur, les tomates et les raisins de Smyrne et laisser mijoter 15 minutes. Ajouter le riz et le poisson, puis le garam masala et laisser mijoter de 2 à 3 minutes pour permettre aux saveurs de se développer et terminer la cuisson du poisson. Servir garni d'œuf, de noix de cajou et de coriandre.

Par portion : 665 kcal, 16 g de gras, 2 g de gras saturés, 0,1 g de sodium

Maquereau grillé, chutney aux tomates et fenouil braisé

Le maquereau est riche en acides gras oméga-3, tel qu'en témoigne la quantité de gras qu'on retrouve dans cette recette. **Donne 4 portions**

2 gros bulbes de fenouil, pelés, en tranches épaisses
Le zeste de ¼ de citron
300 ml (1 ¼ tasse) de bouillon de poulet (voir page 39)
Poivre noir fraîchement moulu
15 ml (1 c. à soupe) d'huile d'olive
1 gousse d'ail, écrasée
Le jus de ½ citron
5 ml (1 c. à thé) de paprika fumé
4 filets de maquereau de 160 g (6 oz) chacun

Pour le chutney aux tomates:
150 ml (⅔ de tasse) de vinaigre de vin rouge
75 g (3 oz) de cassonade
2 ml (½ c. à thé) de chili séché en flocons
50 g (2 oz) de raisins de Corinthe
1 petit oignon, haché
1 pomme Granny Smith, pelée et hachée
400 g (14 oz) de tomates en conserve, hachées finement
1 pincée de poivre de Cayenne et 1 de cannelle moulue

Préchauffer le four à 200 °C / 400 °F / 6 au four à gaz.

Pour préparer le chutney, dans une casserole, porter à ébullition en remuant le vinaigre, la cassonade, les épices et les raisins de Corinthe, jusqu'à ce que le sucre soit dissous. Baisser le feu, ajouter l'oignon, la pomme et les tomates et laisser mijoter doucement 30 minutes, ou jusqu'à ce que le mélange épaississe. Assaisonner au goût de poivre de Cayenne et de cannelle et laisser refroidir complètement.

Déposer le fenouil sur une plaque de cuisson, ajouter le zeste de citron, mouiller avec le bouillon et assaisonner de poivre noir au goût. Couvrir de papier d'aluminium et faire cuire au four jusqu'à ce qu'il soit tendre, environ 30 minutes.

Mettre l'huile d'olive, l'ail, le jus de citron et le paprika fumé dans un plat, assaisonner les filets de maquereau de poivre noir et les déposer dans le plat; laisser mariner 20 minutes.

Faire griller le poisson sur le barbecue, dans une rôtissoire ou sous le gril du four jusqu'à ce qu'il soit cuit et légèrement noirci.

Servir sur un lit de fenouil braisé avec du chutney aux tomates.

Par portion: 535 kcal, 29 g de gras, 5 g de gras saturés, 0,31 g de sodium

Tagine de maquereau

Le tagine est une sorte de ragoût à la marocaine à base de viande, de légumes ou de poisson et est traditionnellement cuit dans un plat en terre ayant un couvercle conique. **Donne 4 portions**

Huile et eau en vaporisateur (voir page 33)
1 oignon, haché finement
2 gousses d'ail, écrasées
1 ml (¼ de c. à thé) de graines de fenouil
2 ml (½ c. à thé) de cannelle moulue
1 ml (¼ de c. à thé) de paprika fumé
2 ml (½ c. à thé) de chili séché en flocons
5 ml (1 c. à thé) de cumin moulu
2 ml (½ c. à thé) de coriandre moulue
1 ml (¼ de c. à thé) de curcuma moulu
1 petite feuille de laurier
30 ml (2 c. à soupe) de raisins de Smyrne
400 g (14 oz) de tomates en conserve
5 ml (1 c. à thé) de purée de tomate
5 ml (1 c. à thé) de harissa (pâte de piment fort)
450 ml (1 ¾ tasse) de fumet de poisson (voir page 39)
425 g (15 oz) de pois chiches en conserve, égouttés et rincés
16 olives noires, dénoyautées
Poivre noir fraîchement moulu
700 g (1 ½ lb) de filets de maquereau
Brins de coriandre fraîche

Faire chauffer une poêle antiadhésive contenant un peu d'huile et d'eau en vaporisateur. Ajouter l'oignon, l'ail, les graines de fenouil et 30 ml (2 c. à soupe) d'eau, couvrir et faire revenir jusqu'à ce que les légumes soient tendres, de 6 à 8 minutes environ.

Ajouter toutes les épices, la feuille de laurier et les raisins de Smyrne et faire cuire à découvert de 2 à 3 minutes pour permettre aux épices de libérer leur parfum.

Ajouter les tomates, la purée de tomate et la harissa, mouiller avec le fumet de poisson et porter à ébullition. Couvrir et faire cuire à feu moyen jusqu'à ce que la sauce réduise et épaississe. Ajouter les pois chiches et les olives.

Assaisonner avec le poivre noir et déposer délicatement les filets de maquereau dessus. Couvrir et laisser mijoter à feu doux de 6 à 8 minutes ou jusqu'à ce que le poisson soit cuit.

Dresser le poisson dans des assiettes, napper de sauce, parsemer de coriandre et servir.

Par portion: 539 kcal, 32 g de gras, 5 g de gras saturés, 0,66 g de sodium

Linguine aux olives, aux anchois, aux tomates et aux câpres

Des pâtes tellement simples à préparer que je suis parfois gêné d'en donner la recette, mais quel délice ! Goûtez-les et vous comprendrez ce que je veux dire. On peut aussi les préparer avec des sardines. Donne 4 portions

- 5 ml (1 c. à thé) d'huile d'olive
- 2 échalotes, hachées finement
- 1 gousse d'ail, écrasée
- 8 filets d'anchois salés, rincés, égouttés et hachés finement
- 8 olives noires, dénoyautées et hachées finement
- 100 g (¼ de lb) de tomates séchées, égouttées et hachées grossièrement
- 500 g (1 lb) de linguine fraîches ou sèches
- 15 ml (1 c. à soupe) de très petites câpres, rincées et égouttées
- 30 ml (2 c. à soupe) de persil plat haché grossièrement

Faire chauffer l'huile dans une casserole antiadhésive, ajouter les échalotes et l'ail et faire cuire à feu doux 1 minute.

Ajouter les anchois, les olives et les tomates et faire chauffer à feu doux.

Faire cuire les pâtes dans beaucoup d'eau bouillante jusqu'à ce qu'elles soient *al dente*, les égoutter et réserver 65 ml (¼ de tasse) d'eau de cuisson.

Ajouter à la préparation aux anchois les pâtes égouttées et l'eau de cuisson réservée, puis les câpres et le persil. Bien mélanger et servir dans des assiettes creuses.

Par portion : 496 kcal, 5 g de gras, 1 g de gras saturés, 0,72 g de sodium

Pâtes aux filets d'aiglefin fumé

L'aiglefin fumé est un poisson délicieux et peu coûteux. Préférez toujours l'aiglefin fumé naturel à la variété jaune séchée, qui se trouve plus facilement. Ce plat est vraiment réconfortant et peu calorique. Donne 4 portions

- 4 tranches de bacon maigre
- 310 g (¾ de lb) de bucatini
- 200 ml (7 oz) de lait écrémé
- 350 g (¾ de lb) de filets d'aiglefin fumé, sans la peau
- 1 jaune d'œuf
- 2 blancs d'œufs
- 45 ml (3 c. à soupe) de crème légère
- 30 ml (2 c. à soupe) de cheddar semi-écrémé
- 10 ml (2 c. à thé) de moutarde forte
- Poivre noir fraîchement moulu

Préchauffer le four à 190 °C / 375 °F / 5 au four à gaz.

Mettre les tranches de bacon sur une plaque de cuisson antiadhésive et faire cuire 10 minutes, ou jusqu'à ce qu'elles soient légèrement croustillantes, retirer et hacher grossièrement. Faire cuire les pâtes dans de l'eau bouillante jusqu'à ce qu'elles soient *al dente* et bien les égoutter.

Dans une casserole, porter le lait à ébullition. Baisser le feu, ajouter l'aiglefin fumé et faire pocher de 3 à 4 minutes. Retirer le poisson avec une cuillère à égoutter et, lorsqu'il est froid, l'émietter légèrement puis filtrer le lait.

Verser le lait de cuisson dans un bol et le laisser refroidir légèrement. Ajouter les œufs, la crème, la moitié du cheddar et la moutarde, puis assaisonner de poivre noir au goût.

Ajouter le poisson et le bacon à la préparation à la crème et bien mélanger. Mettre les bucatini dans un plat allant au four, verser dessus la préparation au poisson et au bacon, mélanger, parsemer du reste de cheddar. Faire cuire au four de 20 à 25 minutes, ou jusqu'à ce que la sauce bouillonne et que la surface soit dorée.

Par portion : 451 kcal, 8 g de gras, 3 g de gras saturés, 1,32 g de sodium

Galettes de poulet à la thaïlandaise

Ces petites galettes semblables à des hamburgers, peuvent se préparer une journée à l'avance, mais il faut alors les faire mariner 2 heures avant de les servir. Un plat simple mais savoureux, qui peut aussi très bien convenir comme goûter. **Donne 4 portions**

- 450 g (1 lb) de poitrine de poulet maigre, hachée
- 2 blancs d'œufs, légèrement battus
- 2 ciboules, hachées
- 15 ml (1 c. à soupe) de ketchap manis (sauce soja indonésienne)
- 1 morceau de gingembre de 2,5 cm (1 po), haché finement
- 15 ml (1 c. à soupe) de coriandre hachée
- Poivre noir fraîchement moulu

Pour la marinade :

- 30 ml (2 c. à soupe) de coriandre hachée
- 1 morceau de gingembre de 1,5 cm (½ po), râpé
- 1 gousse d'ail, écrasée
- 2 ml (½ c. à thé) de sauce chili douce
- 2 ml (½ c. à thé) de curcuma moulu
- 15 ml (1 c. à soupe) d'huile d'arachide (ou de noix)
- 15 ml (1 c. à soupe) de vinaigre de vin de riz ou de vin blanc

Dans un bol, mélanger le poulet haché, les blancs d'œufs, les ciboules, la sauce soja, le gingembre et la coriandre. Assaisonner avec un peu de poivre et mélanger. Avec les mains mouillées, façonner en 8 petites galettes d'environ 2,5 cm (1 po) d'épaisseur.

Mélanger dans un bol tous les ingrédients de la marinade avec 15 ml (1 c. à soupe) d'eau. Verser sur les galettes, couvrir d'une pellicule de plastique et réfrigérer 2 heures.

Retirer les galettes de la marinade, les déposer dans une rôtissoire préchauffée ou sur une plaque de cuisson et faire cuire sous le gril préchauffé de 5 à 6 minutes, jusqu'à ce qu'elles soient cuites.

Servir avec des légumes sautés.

Par portion : 170 kcal, 4 g de gras, 1 g de gras saturés, 0,37 g de sodium

Poulet braisé à l'orientale

J'aime ce plat aux saveurs orientales aigres-douces. Le poulet est mariné, puis cuit jusqu'à ce que la sauce épaississe et devienne collante – une de ces recettes qui mettent l'eau à la bouche. **Donne 4 portions**

- 4 grosses cuisses de poulet, sans la peau
- 1 morceau de gingembre de 5 cm (2 po), pelé, tranché finement
- 100 ml (⅓ de tasse) de xérès sec
- 4 étoiles d'anis
- 500 ml (2 tasses) de bouillon de poulet (voir page 39)
- 100 ml (⅓ de tasse) de jus d'orange frais ou concentré
- 15 ml (1 c. à soupe) de pâte de tamarin
- 45 ml (3 c. à soupe) de feuilles de basilic thaïlandais
- 30 ml (2 c. à soupe) de noix de cajou grillées
- Huile et eau en vaporisateur (voir page 33)

Pour la marinade :

- 2 tiges de citronnelle, hachées finement
- 1 petit piment chili rouge, haché
- 45 ml (3 c. à soupe) de ketchap manis (sauce soja indonésienne)
- 15 ml (1 c. à soupe) de miel

Mélanger tous les ingrédients de la marinade dans un grand bol. Y ajouter les cuisses de poulet et laisser mariner 2 heures à la température ambiante. Retirer le poulet et réserver la marinade.

Dans une casserole antiadhésive, faire chauffer un peu d'huile et d'eau en vaporisateur. Y faire cuire le poulet de 4 à 5 minutes, ou jusqu'à ce qu'il soit doré, puis le retirer de la casserole.

Mettre le gingembre et le xérès dans la casserole et faire bouillir 2 minutes. Ajouter la marinade et tous les autres ingrédients sauf les feuilles de basilic thaïlandais et les noix de cajou.

Faire cuire à feu vif de 5 à 6 minutes, puis remettre le poulet dans la sauce. Couvrir et poursuivre la cuisson 10 minutes, ou jusqu'à ce que la sauce soit réduite et d'une consistance collante. Retirer l'anis étoilé.

Dresser le poulet dans un plat de service et napper de sauce. Parsemer de basilic thaïlandais et de noix de cajou et servir avec du riz blanc et des légumes sautés.

Par portion : 310 kcal, 7 g de gras, 2 g de gras saturés, 1,11 g de sodium

Poulet froid au thon et à la salsa de maïs et de haricots noirs

Cette recette s'inspire du vitello tonnato*, un plat italien qui consiste en du veau poché accompagné d'une sauce au thon. Le poulet en fait une variante délicieuse et plus économique et la salsa lui donne un certain éclat.* Donne 4 portions

- 4 poitrines de poulet de 150 g (5 oz) chacune, sans la peau
- 150 g (5 oz) de thon en conserve, égoutté
- 15 ml (1 c. à soupe) de très petites câpres, rincées et égouttées
- ½ gousse d'ail, écrasée
- 125 ml (½ tasse) de mayonnaise hypocalorique
- Le jus de ¼ de citron
- Poivre noir fraîchement moulu
- 1 poignée de feuilles de roquette

Pour la salsa :

- 75 g (3 oz) de haricots noirs, ayant trempé toute la nuit
- 75 g (3 oz) de grains de maïs surgelés, décongelés
- 1 petit oignon rouge, haché
- ½ gousse d'ail, écrasée
- Le jus de ½ citron
- 30 ml (2 c. à soupe) de sirop d'érable
- 15 ml (1 c. à soupe) d'huile d'olive

Faire cuire le poulet à la vapeur au-dessus de l'eau bouillante, de 15 à 18 minutes ; retirer du feu et laisser refroidir complètement.

Pour préparer la salsa, égoutter les haricots et les verser dans une casserole. Couvrir d'eau, porter à ébullition et laisser mijoter de 30 à 40 minutes, ou jusqu'à ce qu'ils soient tendres. Égoutter et faire refroidir. Mettre dans un bol, ajouter le reste des ingrédients et laisser infuser 30 minutes

Au mélangeur, réduire en purée le thon, les câpres et l'ail. Verser dans un bol et incorporer la mayonnaise et le jus de citron. Assaisonner de poivre noir au goût.

Pour servir, détailler le poulet en tranches de 5 mm (¼ de po) d'épaisseur. Répartir la sauce au thon entre 4 assiettes et garnir d'une tranche de poulet. Mélanger quelques feuilles de roquette avec du jus de la salsa et en déposer sur le poulet. Garnir de quelques cuillerées de salsa et servir avec du pain de campagne frais.

Par portion : 405 kcal, 14 g de gras, 3 g de gras saturés, 0,52 g de sodium

Paillard de poulet à la diable et couscous au citron et à la coriandre

La mélasse à la grenade (aussi connue sous le nom de dibs Rumen*) est délicieusement sucrée et sirupeuse. On la trouve dans les épiceries moyen-orientales.* Donne 4 portions

- 4 poitrines de poulet de 175 g (6 oz) chacune, sans la peau
- 30 ml (2 c. à soupe) de moutarde en grains
- 5 ml (1 c. à thé) de poivre de Sichuan, broyé finement
- Le jus et le zeste de ½ citron
- 2 gousses d'ail
- 15 ml (1 c. à soupe) d'origan haché
- 15 ml (1 c. à soupe) de feuilles de coriandre hachées
- 30 ml (2 c. à soupe) de mélasse à la grenade
- Huile et eau en vaporisateur (voir page 33)

Pour le couscous :

- 160 g (6 oz) de couscous
- 300 ml (1 ¼ tasse) de bouillon de poulet chaud (voir page 39)
- 75 g (3 oz) de raisins de Smyrne, ayant trempé dans l'eau et égouttés
- 30 ml (2 c. à soupe) de noix de pin
- 4 ciboules, en filaments
- 60 ml (¼ de tasse) de feuilles de coriandre
- Poivre noir fraîchement moulu

Avec le côté d'un couperet, aplatir les poitrines de poulet et leur donner une épaisseur uniforme.

Dans un bol, mélanger en une pâte légère la moutarde, le poivre de Sichuan, le jus et le zeste de citron, l'ail, les fines herbes et la mélasse. Badigeonner le poulet de cette pâte et laisser mariner 1 heure.

Préchauffer le gril au maximum.

Verser le couscous dans un grand bol, mouiller du bouillon de poulet chaud, couvrir et laisser reposer de 5 à 8 minutes. Aérer avec une fourchette, puis bien incorporer les raisins de Smyrne, les noix de pin, les ciboules et la coriandre et poivrer au goût.

Déposer le poulet sur une plaque de cuisson légèrement graissée d'huile et d'eau en vaporisateur et faire cuire sous le gril de 6 à 8 minutes, ou jusqu'à ce qu'il soit doré.

Répartir le couscous entre 4 assiettes, disposer le poulet dessus et servir.

Par portion : 402 kcal, 7 g de gras, 1 g de gras saturés, 0,32 g de sodium

Ragoût de poulet épicé avec citrouille, chili et tomates

J'aime préparer ce plat, mais je dois admettre que j'utilise beaucoup plus de chili que dans la recette originale, le Pollo arrabbiato. Arrabbiato est le nom d'une sauce tomate épicée populaire au Moyen-Orient. Donne 4 portions

Huile et eau en vaporisateur (voir page 33)
250 g (½ lb) d'oignons perlés
30 ml (2 c. à soupe) de cassonade
250 g (½ lb) de chair de citrouille, en dés de 2 cm (1 po)
2 gousses d'ail, écrasées
2 piments chilis rouges, épépinés et hachés finement
1,5 kg (3 lb) de poulet, en morceaux, sans la peau
Poivre noir fraîchement moulu
15 ml (1 c. à soupe) de vinaigre balsamique
15 ml (1 c. à soupe) d'origan
100 ml (⅓ de tasse) de vin blanc sec
400 g (14 oz) de tomates en conserve, concassées

Préchauffer le four à 200 °C / 400 °F / 6 au four à gaz.
Faire chauffer un peu d'huile et d'eau en vaporisateur dans une grande casserole allant au feu et y faire dorer les oignons pendant environ 10 minutes. Découvrir, ajouter la cassonade et faire légèrement caraméliser. Ajouter la citrouille, l'ail et les chilis et poursuivre la cuisson 5 minutes. Retirer de la casserole et réserver.
Poivrer les morceaux de poulet et les faire revenir dans la casserole jusqu'à ce qu'ils commencent à dorer, en les retournant une fois ou deux pendant la cuisson. Arroser du vinaigre et poursuivre la cuisson 1 minute. Remettre dans la casserole les légumes réservés, ajouter l'origan et monter le feu. Mouiller avec le vin, faire cuire 5 minutes, puis ajouter les tomates concassées. Poivrer, couvrir et poursuivre la cuisson au four de 40 à 45 minutes, ou jusqu'à ce que le poulet soit cuit et tendre. Servir avec de la polenta molle.

Par portion : 310 kcal, 5 g de gras, 1 g de gras saturés, 0,24 g de sodium

«Coq» au vin de luxe

Une version simplifiée du classique français. J'ai remplacé les champignons blancs par des champignons sauvages au goût de boisé. Les champignons séchés sont désormais faciles à trouver (on doit les faire tremper avant de les utiliser). Donne 4 portions

Huile et eau en vaporisateur (voir page 33)
4 grosses cuisses de poulet, sans la peau, détaillées en hauts de cuisses et en pilons
15 ml (1 c. à soupe) de farine
Poivre noir fraîchement moulu
150 g (5 oz) d'oignons perlés, pelés
4 tranches de bacon, coupées en lanières
200 g (7 oz) de champignons sauvages frais, nettoyés et tranchés
2 gousses d'ail, écrasées
150 ml (⅔ de tasse) de vin rouge de bonne qualité
15 ml (1 c. à soupe) de purée de tomate
850 ml (3 ⅓ tasses) de bouillon de poulet chaud (voir page 39)
2 brins de thym frais
1 petite feuille de laurier

Préchauffer le four à 200 °C / 400 °F / 6 au four à gaz.
Faire chauffer un peu d'huile et d'eau en vaporisateur dans une grande casserole antiadhésive allant au four. Saupoudrer les morceaux de poulet d'un mélange de farine et de poivre noir. Faire revenir dans la casserole de 4 à 5 minutes de chaque côté, ou jusqu'à ce qu'ils soient dorés. Retirer de la casserole et réserver.
Faire dorer les oignons et le bacon dans la casserole pendant environ 5 minutes. Ajouter les champignons et l'ail et poursuivre la cuisson 5 minutes, ou jusqu'à ce que les champignons soient brunis. Mouiller avec le vin rouge et faire bouillir de 2 à 3 minutes.
Remettre le poulet dans la casserole, ajouter la purée de tomate et mélanger délicatement. Incorporer graduellement le bouillon pour obtenir une sauce. Porter à ébullition, ajouter le thym et le laurier, couvrir et poursuivre la cuisson au four de 25 à 30 minutes, ou jusqu'à ce que le poulet soit tendre et la sauce, réduite et parfumée.
Retirer le thym et le laurier et servir avec des pommes de terre en purée et des épinards à la vapeur.

Par portion : 265 kcal, 7 g de gras, 2 g de gras saturés, 0,89 g de sodium

Poulet farci aux fruits séchés, aux amandes et au riz sauvage

Dans ce plat impressionnant, le riz sauvage remplace le riz blanc habituel. **Donne 4 portions**

150 g (5 oz) de riz sauvage
4 poitrines de poulet de 175 g (6 oz) chacune, sans la peau
50 g (2 oz) de fruits séchés, en dés de 5 mm (¼ de po)
2 ciboules, hachées finement
25 g (1 oz) d'amandes hachées, grillées
25 g (1 oz) de raisins secs, réhydratés et égouttés
5 ml (1 c. à thé) de paprika fumé
Poivre noir fraîchement moulu
30 ml (2 c. à soupe) de fromage frais pauvre en gras
30 ml (2 c. à soupe) de feuilles de coriandre
10 ml (2 c. à thé) d'huile non saturée

Pour la salsa au maïs et à la moutarde :

75 g (3 oz) de maïs en conserve égoutté
2 tomates, épépinées et hachées
15 ml (1 c. à soupe) de coriandre hachée
Le jus de 1 lime
5 ml (1 c. à thé) de moutarde en grains
15 ml (1 c. à soupe) de miel
1 gousse d'ail, écrasée

Faire cuire le riz sauvage à la vapeur ou dans de l'eau bouillante de 40 à 45 minutes, ou jusqu'à ce qu'il soit tendre.
Pour la salsa, faire dorer le maïs dans une poêle antiadhésive chaude de 2 à 3 minutes, en secouant la poêle de temps à autre. Verser dans un bol, ajouter le reste des ingrédients et laisser mariner 1 heure.
Préchauffer le four à 200 °C / 400 °F / 6 au four à gaz.
Avec un couteau aiguisé, fendre les poitrines de poulet dans le sens de l'épaisseur pour former une poche.
Mélanger le riz, les fruits, les ciboules, les amandes, les raisins secs, le paprika et le poivre. Incorporer le fromage et la coriandre. Farcir chaque poitrine. Fermer avec 2 cure-dents.
Faire chauffer l'huile dans une poêle antiadhésive allant au four. Poivrer les poitrines et bien les faire saisir sur toutes les faces à feu moyen, 2 minutes environ. Mouiller avec 100 ml (⅓ de tasse) d'eau, couvrir et faire cuire au four de 10 à 12 minutes, ou jusqu'à ce que le poulet soit cuit, juteux et tendre.
Sortir du four, napper de salsa au maïs et servir.

Par portion : 456 kcal, 8 g de gras, 1 g de gras saturés, 0,19 g de sodium

Paupiettes de poulet farcies au jambon fumé et au maïs

C'est à Dallas que j'ai découvert qu'on utilisait des flocons de maïs pour paner le poulet. Cela m'a fait entrevoir d'innombrables possibilités, qu'il s'agisse de farces ou de sauces. Ici, les flocons forment la panure de rouleaux de poulet farcis. **Donne 4 portions**

4 poitrines de poulet de 175 g (6 oz) sans la peau
100 g (¼ de lb) de fromage mou pauvre en gras
1 gousse d'ail, écrasée
30 ml (2 c. à soupe) de persil plat, haché
100 g (¼ de lb) de jambon fumé, en dés
1 petite boîte de maïs en grains, égoutté
1 jaune d'œuf
45 g (2 oz) de panure blanche
1 bonne pincée de paprika
Huile et eau en vaporisateur (voir page 33)

Pour la panure :

75 g (3 oz) de flocons de maïs
30 g (1 oz) de panure blanche fraîche
30 g (1 oz) de persil plat
30 ml (2 c. à soupe) de farine
1 blanc d'œuf, battu légèrement

Préchauffer le four à 200 °C / 400 °F / 6 au four à gaz.
Fendre partiellement chacune des poitrines de poulet dans le sens de l'épaisseur.
Dans un bol, mélanger le fromage, l'ail, le persil, le jambon, le maïs, le jaune d'œuf et la chapelure. Farcir délicatement les poitrines de poulet de ce mélange, en veillant à ce que la farce ne déborde pas et que la paupiette soit compacte.
Pour préparer la panure, réduire au mélangeur en une fine poudre les flocons de maïs, la chapelure et le persil. Verser dans un bol peu profond. Enrober les poitrines de poulet de farine, puis d'œuf et finalement de la panure.
Déposer les poitrines de poulet sur une plaque de cuisson antiadhésive, les asperger d'un peu d'huile et d'eau en vaporisateur et faire cuire au four de 20 à 25 minutes, jusqu'à ce qu'elles soient cuites.
Servir avec des épinards et des pommes de terre nouvelles bouillies.

Par portion : 494 kcal, 9 g de gras, 4 g de gras saturés, 0,99 g de sodium

Pintade en papillote, au four *La pintade est une viande pauvre en gras qui devient de plus en plus populaire et facilement disponible. Le mode de cuisson utilisé ici conserve l'humidité et les saveurs. On peut remplacer la pintade par du poulet.* Donne 4 portions

4 poitrines de pintade de 150 g (5 oz) chacune, sans la peau
15 ml (1 c. à soupe) de feuilles de coriandre hachées
15 ml (1 c. à soupe) de marjolaine hachée
Le jus de 1 citron
15 ml (1 c. à soupe) de cassonade
1 citron, coupé en 8 tranches minces
12 pointes d'asperges
5 ml (1 c. à thé) de moutarde forte
30 ml (2 c. à soupe) de crème légère
100 g (¼ de lb) de trompettes de la mort (ou de champignons de Paris)
100 ml (⅓ de tasse) de vermouth

Mettre les poitrines de pintade dans un plat, parsemer de coriandre et de marjolaine, arroser du jus de citron, puis couvrir d'une pellicule de plastique. Faire mariner 2 heures au réfrigérateur.

Préchauffer le four à 200 °C / 400 °F / 6 au four à gaz.

Dans une poêle antiadhésive, faire chauffer la cassonade avec 65 ml (¼ de tasse) d'eau jusqu'à ce qu'elle caramélise légèrement. Ajouter les rondelles de citron et les faire caraméliser sur les deux faces. Réserver.

Faire cuire les asperges dans de l'eau bouillante 2 minutes, les retirer, les passer sous l'eau froide et bien égoutter. Mélanger la moutarde et la crème dans un bol, ajouter les poitrines marinées et bien mélanger.

Prendre 4 morceaux de papier d'aluminium suffisamment grands pour envelopper les poitrines. Déposer une poitrine sur chaque feuille, garnir de champignons et d'asperges et arroser de vermouth. Ramener le papier d'aluminium autour des poitrines et bien sceller.

Déposer les papillotes sur une plaque de cuisson et faire cuire au four de 15 à 20 minutes. Sortir les papillotes du four, les dresser dans 4 assiettes et servir avec des pommes de terre nouvelles bouillies et une purée de carottes.

Par portion : 244 kcal, 6 g de gras, 2 g de gras saturés, 0,13 g de sodium

Cailles à la confiture au chili et au yogourt *On peut utiliser cette recette de confiture de bien des façons, non seulement comme trempette ou sauce pour accompagner des mets asiatiques, mais aussi comme délicieuse garniture épicée pour le poulet cuit au four.* Donne 4 portions

4 cailles de 450 g (1 lb) chacune, sans la peau

Pour la confiture au chili :
100 ml (⅓ de tasse) de vinaigre de vin de riz
75 g (3 oz) de cassonade
75 g (3 oz) de raisins secs
2 échalotes, hachées finement
1 gousse d'ail, écrasée
200 g (7 oz) de piments chilis rouges, épépinés et hachés
7 ml (½ c. à soupe) de gingembre, haché
5 ml (1 c. à thé) de nam pla (sauce de poisson)
65 ml (¼ de tasse) de yogourt nature pauvre en gras
10 ml (2 c. à thé) de feuilles de coriandre hachées
2 ml (½ c. à thé) de curcuma moulu
Quartiers de lime et feuilles de coriandre, pour garnir

Pour préparer la confiture au chili, mettre le vinaigre et la cassonade dans une casserole, porter doucement à ébullition et faire cuire jusqu'à ce que la cassonade soit dissoute. Ajouter les raisins secs et faire légèrement caraméliser ; le liquide devrait être sirupeux. Incorporer les échalotes, l'ail, les piments chilis, le gingembre et la sauce de poisson, retirer du feu et laisser refroidir. Au mélangeur, réduire en une purée grossière. On peut préparer la confiture à l'avance et la conserver jusqu'à 1 mois au réfrigérateur.

Préchauffer le four à 200 °C / 400 °F / 6 au four à gaz.

Avec un petit couteau, pratiquer des fentes dans les poitrines et les cuisses des cailles. Dans un bol, mélanger la confiture au chili, le yogourt, la coriandre hachée et le curcuma et en frotter les cailles en prenant soin de bien remplir les fentes.

Déposer les cailles dans un grand plat de cuisson antiadhésif et faire cuire au four de 25 à 30 minutes ou jusqu'à ce qu'elles soient cuites, croustillantes et légèrement noircies. Servir avec des quartiers de lime et des feuilles de coriandre.

Par portion : 353 kcal, 4 g de gras, 2 g de gras saturés, 0,27 g de sodium

Dinde de style porchetta et fruits séchés à la moutarde

La porchetta est une merveilleuse façon aromatique de servir le porc, habituellement un cochon de lait, mais parfois du filet de porc. J'utilise une variante pauvre en gras, avec de la poitrine de dinde, qui donne d'excellents résultats. Donne 8 portions

4 kg (8 à 10 lb) de dinde de ferme, sans la peau ni les cuisses
15 ml (1 c. à soupe) d'huile non saturée
100 ml (⅓ de tasse) de vin blanc sec
600 ml (2 ⅓ tasses) de bouillon de poulet (voir page 39)

Pour la moutarde aux fruits :
150 g (5 oz) de sucre
150 ml (⅔ de tasse) de jus de pomme
310 g (¾ de lb) de fruits séchés (abricots, figues, pruneaux)
65 ml (¼ de tasse) de vinaigre de vin blanc
30 ml (2 c. à soupe) de zeste de citron confit haché
5 ml (1 c. à thé) de moutarde en poudre

Pour l'assaisonnement :
45 ml (3 c. à soupe) de romarin haché
30 ml (2 c. à soupe) de graines de fenouil
8 gousses d'ail, écrasées
Le jus et le zeste de 1 citron
45 ml (3 c. à soupe) de marjolaine hachée
2 feuilles de laurier
15 ml (1 c. à soupe) d'huile d'olive

Préchauffer le four à 200 °C / 400 °F / 6 au four à gaz.

Pour l'assaisonnement, au mélangeur, réduire tous les ingrédients en une pâte grossière.

Prélever les poitrines de dinde ; réserver les cuisses pour une autre utilisation. Avec un couteau aiguisé, fendre chaque poitrine sur les deux tiers de la longueur environ, pour former une poche.

Ouvrir les poitrines et les aplatir légèrement avec un maillet. Frotter l'intérieur avec l'assaisonnement. Refermer et nouer avec une ficelle.

Faire chauffer l'huile sur une plaque de cuisson antiadhésive et y faire saisir les poitrines de dinde des deux côtés jusqu'à ce qu'elles soient dorées. Retirer du feu et déposer les poitrines sur une grille métallique placée au-dessus d'un plat de cuisson de sorte que la graisse puisse s'y écouler. Faire cuire au four de 50 minutes à 1 heure ou jusqu'à ce que du jus clair s'écoule lorsqu'on pique la viande avec un petit couteau. Ne pas trop faire cuire, sinon la viande sera sèche.

Pour les fruits à la moutarde, mélanger le sucre, le jus de pomme et 100 ml (⅓ de tasse) d'eau. Remuer jusqu'à ce que le sucre soit dissous.

Ajouter les fruits et faire cuire à feu doux 20 minutes ou jusqu'à ce qu'ils soient tendres. Ajouter le vinaigre, mélanger et poursuivre la cuisson 5 minutes, puis ajouter le zeste de citron confit. Bien mélanger et incorporer la moutarde. Laisser refroidir à la température ambiante.

Lorsque la dinde est cuite, la sortir du four et la conserver au chaud. Mettre le plat de cuisson sur le feu, y verser le vin et faire bouillir 2 minutes. Mouiller avec le bouillon et porter à ébullition ; faire réduire de moitié. Dégraisser avec du papier absorbant.

Détailler la dinde en tranches, napper de sauce et garnir de fruits à la moutarde. Servir avec de la courge musquée rôtie, du brocoli et des pommes de terre nouvelles rôties.

Par portion : 373 kcal, 5 g de gras, 1 g de gras saturés, 0,2 g de sodium

Casserole de faisan aux fruits d'automne

Le faisan se prépare habituellement rôti, mais ce gibier, qui est délicieux en casserole, peut facilement être remplacé par du poulet. Le faisan est meilleur tard en automne et en hiver.

Donne 4 portions

1 faisan, coupé en 8, sans la peau
Poivre noir fraîchement moulu
30 ml (2 c. à soupe) de farine
15 ml (1 c. à soupe) d'huile non saturée
60 ml (¼ de tasse) de calvados
200 ml (7 oz) de jus de pomme
15 ml (1 c. à soupe) de miel
300 g (¾ de lb) d'oignons perlés
750 ml (3 tasses) de bouillon de poulet (voir page 39)
7 ml (½ c. à soupe) de moutarde forte
2 branches de céleri, tranchées finement
2 pommes Granny Smith, pelées, évidées, en quartiers
1 poire, pelée, évidée, en quartiers
1 feuille de laurier

Préchauffer le four à 180 °C / 350 °F / 4 au four à gaz.

Mettre les morceaux de faisan dans un bol, poivrer et bien enrober de farine.

Faire chauffer l'huile dans une casserole allant au four. Essuyer les morceaux de faisan avec du papier absorbant pour éliminer l'excédent de farine et les faire dorer à feu moyen de 4 à 5 minutes.

Mouiller avec le calvados et poursuivre la cuisson 1 minute. Ajouter le jus de pomme, le miel et les oignons et faire cuire jusqu'à ce que la préparation devienne légèrement sirupeuse. Ajouter le bouillon de poulet et la moutarde et porter à ébullition, puis ajouter le céleri, les quartiers de pomme et de poire et la feuille de laurier.

Couvrir et faire cuire au four de 1 à 1 ½ heure ou jusqu'à ce que le faisan soit tendre. Retirer la feuille de laurier et servir.

Par portion : 281 kcal, 5 g de gras, 1 g de gras saturés, 0,36 g de sodium

Pâté chaud au canard et au panais

Cette recette regorge de saveurs et le canard ajoute une touche toute particulière. **Donne 4 portions**

15 ml (1 c. à soupe) d'huile non saturée
675 g (1 ½ lb) de canard émincé à partir de chair de 5 cuisses de canard (la peau et le gras visible retirés)
1 oignon, haché finement
1 carotte, en petits dés
½ rutabaga, en petits dés
1 branche de céleri, en dés
1 gousse d'ail, écrasée
15 ml (1 c. à soupe) de purée de tomate
15 ml (1 c. à soupe) de farine
100 ml (⅓ de tasse) de bouillon de poulet chaud (voir p. 39)
200 g (7 oz) de tomates en conserve
5 ml (1 c. à thé) d'origan haché
1 petite feuille de laurier
5 ml (1 c. à thé) de moutarde forte
10 ml (2 c. à thé) de sauce Worcestershire

Pour la garniture :

400 g (14 oz) de panais, en petits morceaux
200 g (7 oz) de pommes de terre, en morceaux
300 ml (1 ¼ tasse) de lait semi-écrémé

Pour la garniture, faire cuire les panais et les pommes de terre dans de l'eau bouillante de 20 à 25 minutes, jusqu'à ce qu'ils soient très tendres. Égoutter, écraser, incorporer le lait et battre en une purée lisse.

Faire chauffer l'huile dans une casserole antiadhésive et y faire saisir le canard émincé, un peu à la fois, jusqu'à ce qu'il soit doré. Bien l'égoutter dans une passoire pour éliminer le gras.

Remettre la casserole sur le feu et y faire cuire les légumes et l'ail de 2 à 3 minutes. Ajouter la viande et la purée de tomate et poursuivre la cuisson 1 minute. Saupoudrer de farine ; bien mélanger. Ajouter peu à peu le bouillon et les tomates et mélanger pour obtenir une sauce. Incorporer les fines herbes, la moutarde et la sauce Worcestershire, couvrir, baisser le feu et faire cuire 25 minutes.

Préchauffer le gril au maximum.

Mettre le canard dans un plat allant au four, couvrir de garniture, enfourner jusqu'à ce que la préparation bouillonne et que la garniture soit dorée et croustillante. Servir avec du chou ou des carottes à la vapeur.

Par portion : 428 kcal, 16 g de gras, 4 g de gras saturés, 0,4 g de sodium

Steak de venaison au vinaigre balsamique grillé avec poivre vert en grains et canneberges

Des steaks de venaison tendres dans une sauce sucrée et épicée. D'autres gibiers comme du faisan ou de la perdrix conviennent bien à cette recette, de même que la poitrine de canard. **Donne 4 portions**

4 steaks de venaison de 175 g (6 oz) chacun, dans le filet
Poivre noir fraîchement moulu
2 ml (½ c. à thé) d'épices chinoises aux cinq parfums
30 ml (2 c. à soupe) de vinaigre balsamique
7 ml (½ c. à soupe) de miel
Huile et eau en vaporisateur (voir page 33)
Persil, pour garnir

Pour la sauce :
45 ml (3 c. à soupe) de gelée de canneberges
15 ml (1 c. à soupe) de poivre vert en grains, égoutté, rincé et asséché
50 g (2 oz) de canneberges fraîches ou surgelées
Le jus et le zeste de 1 orange
100 ml (⅓ de tasse) de vin rouge de bonne qualité
125 ml (½ tasse) de bouillon de bœuf (voir page 39)
15 ml (1 c. à soupe) de vinaigre balsamique

Assaisonner généreusement de poivre noir les steaks de venaison, puis les frotter avec les épices chinoises. Mélanger le vinaigre et le miel et en badigeonner les steaks. Réserver.

Dans une casserole, faire chauffer tous les ingrédients de la sauce et laisser mijoter doucement de 10 à 15 minutes, ou jusqu'à ce que la sauce soit réduite et nappe le dos d'une cuillère.

Bien faire chauffer une poêle à fond cannelé et l'enduire légèrement d'huile et d'eau en vaporisateur. Y faire cuire les steaks de venaison à feu vif de 3 à 5 minutes pour obtenir une chair rosée, ou un peu plus longtemps selon le degré de cuisson désiré.

Dresser dans 4 assiettes et napper de sauce. Parsemer de feuilles de persil et servir avec une purée de céleri-rave.

Par portion : 250 kcal, 3 g de gras, 0 g de gras saturés, 0,14 g de sodium

Porc barbecue à la coréenne

Cette recette est inspirée du bulgogi, un plat national coréen préparé avec du bœuf sauté, préalablement mariné dans une sauce soja qui lui donne une forte saveur épicée. Je vous présente ici ma version – un plat merveilleux à préparer sur le barbecue l'été, mais qui peut se déguster en tout temps. **Donne 4 portions**

150 ml (⅔ de tasse) de sauce soja pauvre en sel
75 ml (3 oz) de xérès demi-sec
1 morceau de gingembre de 2,5 cm (1 po), pelé et finement râpé
2 gousses d'ail, écrasées
15 ml (1 c. à soupe) d'huile de sésame
2 ml (½ c. à thé) de piment chili séché en flocons
15 ml (1 c. à soupe) de cassonade
1 filet de porc maigre de 750 g (1 ½ lb), le gras visible retiré
15 ml (1 c. à soupe) de jus de lime
50 g (2 oz) de feuilles de coriandre

Dans une casserole, mélanger la sauce soja, le xérès, le gingembre, l'ail, l'huile de sésame, le chili en flocons et la cassonade et porter doucement à ébullition.

Déposer le filet de porc dans un plat peu profond, puis l'arroser de marinade. Couvrir et réfrigérer pendant au moins 4 heures, de préférence toute la nuit.

Sur la cuisinière, faire chauffer une poêle à fond cannelé, jusqu'à ce qu'elle soit presque fumante. Retirer le filet de porc de la marinade et bien l'égoutter. Réserver la marinade.

Faire cuire le filet de porc dans la poêle chaude de 10 à 12 minutes, en le retournant régulièrement pendant la cuisson, jusqu'à ce qu'il caramélise.

Entre-temps, porter à ébullition la marinade réservée, ajouter le jus de lime et la coriandre et faire cuire 2 minutes.

Pour servir, détailler le porc en tranches de 1 cm (½ po) et bien le napper de sauce.

Servir avec des nouilles ou un riz frit.

Par portion : 319 kcal, 10 g de gras, 3 g de gras saturés, 1,74 g de sodium

Agneau grillé à la sicilienne, avec polenta au safran et aux raisins secs

De l'agneau avec une sauce irrésistible. De plus, le safran et les raisins secs ajoutent à la polenta une saveur délicieuse. Donne 4 portions

5 ml (1 c. à thé) d'huile d'olive
2 échalotes, hachées finement
2 gousses d'ail, écrasées
15 ml (1 c. à soupe) de vinaigre de xérès
10 ml (2 c. à thé) de cassonade
200 g (7 oz) de tomates en conserve, hachées
12 olives noires de bonne qualité
65 ml (¼ de tasse) de marsala
15 ml (1 c. à soupe) de très petites câpres, égouttées et rincées
4 rouelles d'agneau de 175 g (6 oz) chacune, dégraissées
5 ml (1 c. à thé) d'origan
30 ml (2 c. à soupe) de basilic haché

Pour la polenta :
1 gousse d'ail, écrasée
1 bonne pincée de safran
100 ml (⅓ de tasse) de lait écrémé
175 g (6 oz) de farine de maïs fine (polenta)
50 g (2 oz) de raisins secs
30 ml (2 c. à soupe) de fromage quark

Pour la polenta, porter 750 ml (3 tasses) d'eau à ébullition avec l'ail, le safran et le lait. Verser la polenta en remuant continuellement pour obtenir une consistance lisse. Ajouter les raisins secs, baisser le feu à doux et poursuivre la cuisson jusqu'à ce que la polenta épaississe et prenne la consistance d'une purée de pommes de terre moelleuse, de 20 à 25 minutes environ. Incorporer le fromage et conserver au chaud.
Faire chauffer l'huile d'olive dans une casserole et y faire fondre les échalotes et l'ail à feu doux. Ajouter le vinaigre, la cassonade, les tomates, les olives et le marsala et laisser mijoter 10 minutes, ou jusqu'à ce que la sauce soit réduite et onctueuse. Ajouter les câpres et conserver au chaud.
Parsemer les rouelles d'agneau d'origan et de basilic ; les faire griller sur les deux faces, de 2 à 3 minutes ou un peu plus, dans une poêle à fond cannelé bien chaude.
Répartir la polenta entre 4 assiettes, garnir d'une rouelle d'agneau, napper d'un peu de sauce et servir.

Par portion : 517 kcal, 17 g de gras, 7 g de gras saturés, 0,49 g de sodium

Côtelettes d'agneau aux aromates, avec courge au gingembre et sambal à la coriandre

Convient tout aussi bien au poulet et au porc. Les sambals sont souvent servis avec des plats au riz ou au cari en Indonésie et en Malaisie. Donne 4 portions

1 oignon, haché finement
2 gousses d'ail, écrasées
1 piment chili rouge, épépiné et haché finement
5 ml (1 c. à thé) de cumin moulu
5 ml (1 c. à thé) de cardamome moulue
2 ml (½ c. à thé) de curcuma moulu
8 côtelettes d'agneau maigres de 95 g (3 oz) chacune

Pour la courge :
1 morceau de gingembre de 2,5 cm (1 po), haché finement
50 ml (3 ½ c. à soupe) de cassonade
100 ml (⅓ de tasse) de vinaigre balsamique
700 g (1 ½ lb) de courge musquée, pelée
Huile et eau en vaporisateur (voir page 33)

Pour le sambal à la coriandre :
50 g (2 oz) de feuilles de coriandre
1 piment chili vert, épépiné et haché
Le jus de ½ citron
½ petit oignon, haché

Préchauffer le four à 200 °C / 400 °F / 6 au four à gaz.
Mélanger l'oignon, l'ail, le chili, le cumin, la cardamome et le curcuma ; en frotter les côtelettes, couvrir d'une pellicule de plastique et laisser reposer 4 heures à la température ambiante.
Dans une poêle antiadhésive, faire chauffer doucement le gingembre, la cassonade et le vinaigre jusqu'à ce que la cassonade soit dissoute.
Détailler la courge en gros quartiers, la déposer dans une rôtissoire et l'enduire légèrement d'huile et d'eau en vaporisateur. Faire dorer au four 15 minutes. Ajouter le sirop au vinaigre balsamique et au gingembre et faire cuire 15 minutes.
Bien faire chauffer une poêle à fond cannelé enduite d'huile et d'eau en vaporisateur. Y faire légèrement noircir les côtelettes de 3 à 4 minutes de chaque côté.
Entre-temps, mélanger grossièrement les ingrédients du sambal au mélangeur. Dresser les côtelettes sur la courge et servir avec un peu de sambal.

Par portion : 375 kcal, 13 g de gras, 6 g de gras saturés, 0,12 g de sodium

Jambon fumé au chili glacé au miel, avec pruneaux et purée de rutabaga

Lorsque le jambon fumé est trop salé, je le fais tremper dans du lait 1 heure avant de le faire cuire. La purée de rutabaga fait un merveilleux accompagnement. **Donne 4 portions**

30 ml (2 c. à soupe) de miel
5 ml (1 c. à thé) de moutarde forte
15 ml (1 c. à soupe) de vinaigre balsamique
4 tranches épaisses de jambon fumé, dégraissées
Huile et eau en vaporisateur (voir page 33)

Pour la purée de rutabaga :
1 gros rutabaga, en morceaux
150 ml (2/3 de tasse) de lait semi-écrémé
30 ml (2 c. à soupe) de gelée de menthe

Pour les prunes :
6 grosses prunes mûres, en quartiers et dénoyautées
30 ml (2 c. à soupe) de sucre semoule
1 piment chili rouge, épépiné et haché finement
30 ml (2 c. à soupe) de vinaigre de vin rouge
Le jus de 1 lime

Pour la purée, mettre le rutabaga dans une casserole, couvrir d'eau, porter à ébullition et faire cuire 25 minutes, ou jusqu'à ce qu'il soit tendre, égoutter. Réduire en une purée lisse avec le lait, ajouter la gelée de menthe et bien incorporer. Réserver au chaud.
Mélanger le miel, la moutarde et le vinaigre ; en badigeonner les tranches de jambon. Les faire griller dans une poêle cannelée enduite d'huile et d'eau en vaporisateur bien chaude de 3 à 4 minutes de chaque côté, ou jusqu'à ce qu'elles soient cuites.
Déposer les prunes en une seule couche dans une casserole. Dans une petite casserole, faire dissoudre à feu doux le sucre dans 65 ml (1/4 de tasse). Ajouter le piment chili et faire cuire jusqu'à ce que le sucre caramélise et soit doré. Retirer du feu, ajouter le vinaigre et 100 ml (1/3 de tasse) d'eau ; bien mélanger. Verser sur les prunes et faire cuire à feu doux, en arrosant les prunes avec le sirop pendant la cuisson. Ajouter le jus de lime et conserver au chaud.
Pour servir, déposer un peu de purée de rutabaga dans chaque assiette, garnir d'une tranche de jambon et d'un peu de prunes caramélisées.

Par portion : 438 kcal, 15 g de gras, 5 g de gras saturés, 3,45 g de sodium

Bœuf braisé à l'orange, au cumin et aux olives

Ce plat marocain se prépare habituellement avec de l'agneau ou du mouton. **Donne 4 portions**

700 g (1 ½ lb) de paleron de bœuf maigre, dégraissé et dénervé
1 oignon, tranché
2 gousses d'ail, écrasées
2 carottes, tranchées
Le zeste de 1 orange
2 brins de romarin
300 ml (1 ¼ tasse) de jus d'orange (frais ou concentré)
30 ml (2 c. à soupe) d'huile non saturée
10 ml (2 c. à thé) de cumin moulu
400 g (14 oz) de tomates en conserve, hachées
15 ml (1 c. à soupe) de purée de tomate
700 ml (2 ¾ tasses) de bouillon de bœuf (voir p. 39)
12 olives noires
15 ml (1 c. à soupe) de menthe hachée
15 ml (1 c. à soupe) de feuilles de coriandre hachées
40 g (2 oz) d'amandes effilées, grillées

La veille, détailler la viande en cubes de 5 cm (2 po) et la mettre dans un bol avec l'oignon, l'ail, les carottes, le zeste d'orange et le romarin. Mouiller avec le jus d'orange, bien mélanger, couvrir et réfrigérer toute la nuit.
Le lendemain, préchauffer le four à 200 °C / 400 °F / 6 au four à gaz.
Égoutter la viande et l'assécher avec du papier absorbant ; réserver la marinade, les légumes et les fines herbes.
Bien faire chauffer une casserole allant au four, ajouter l'huile et y faire saisir et dorer la viande sur toutes les faces, en plusieurs fois. Retirer la viande et la réserver au chaud. Dans la casserole, faire cuire 2 minutes les légumes et les fines herbes de la marinade égouttés et le cumin moulu. Ajouter les tomates, la purée de tomate et le jus de la marinade. Mouiller avec le bouillon ; porter à ébullition.
Remettre la viande dans la sauce, couvrir et faire cuire au four de 1 à 1 ½ heure, jusqu'à ce que la viande soit tendre.
Sortir du four, incorporer les olives et les fines herbes fraîches, parsemer d'amandes.
Servir avec un riz pilaf et du brocoli.

Par portion : 558 kcal, 22 g de gras, 4 g de gras saturés, 0,65 g de sodium

Filets de bœuf pochés, sauce au raifort et aux câpres

Nous avons tendance à faire rôtir ou griller le bœuf, mais il est tout aussi délicieux lorsqu'il est poché. Pour le bouillon, je ne vous conseille pas d'utiliser des cubes; habituellement, je le prépare moi-même d'après la recette de la page 39. Donne 4 portions

850 ml (3 ⅓ tasses) de bouillon de bœuf bien concentré (voir page 39)
1 brin de thym
1 petite feuille de laurier
65 ml (¼ de tasse) de xérès sec
4 filets de bœuf de 175 g (6 oz) chacun
12 mini-carottes
2 branches de céleri, en morceaux de 5 cm (2 po)
12 mini-poireaux, parés
2 navets, en quartiers
8 bulbes de mini-fenouils

Pour la sauce :
65 ml (¼ de tasse) de yogourt nature pauvre en gras
5 ml (1 c. à thé) de raifort râpé
15 ml (1 c. à soupe) de très petites câpres, égouttées, rincées et hachées
30 ml (2 c. à soupe) de persil haché

Faire chauffer le bouillon avec le thym, la feuille de laurier et le xérès dans une grande casserole profonde. Porter à ébullition, baisser le feu et laisser mijoter 5 minutes.

Bien faire chauffer une poêle antiadhésive et y faire saisir les filets de bœuf sur toutes les faces, puis les mettre dans le bouillon. Faire cuire de 8 à 10 minutes, puis ajouter les légumes et poursuivre la cuisson 5 minutes.

Entre-temps, bien mélanger tous les ingrédients de la sauce.

Retirer les filets et les détailler en tranches épaisses. Dresser dans des assiettes creuses, verser dessus les légumes et le bouillon et servir avec la sauce au raifort et aux câpres, des pommes de terre nouvelles bouillies et du chou de Savoie, si désiré.

Par portion : 318 kcal, 12 g de gras, 5 g de gras saturés, 0,5 g de sodium

Filets de bœuf grillés et roquette en salsa verde

Ce plat est aussi appétissant que délicieux. Il est possible de remplacer la citrouille par toute autre sorte de courge. La salsa verde donne du mordant au bœuf. Donne 4 portions

450 g (1 lb) de citrouille, pelée et en quartiers
1 gros bulbe de fenouil, en quartiers
15 ml (1 c. à soupe) de romarin haché
350 ml (1 ⅓ tasse) de bouillon de poulet (voir page 39)
4 filets de bœuf maigre de 150 g (5 oz) chacun, dégraissés
Poivre noir fraîchement moulu
Feuilles de basilic, pour garnir

Pour la roquette en salsa verde :
50 g (2 oz) de feuilles de roquette
25 g (1 oz) de feuilles de basilic
15 ml (1 c. à soupe) de persil plat haché
15 ml (1 c. à soupe) de câpres, égouttées, rincées et asséchées
1 gousse d'ail, écrasée
15 ml (1 c. à soupe) de vinaigre balsamique
5 ml (1 c. à thé) de moutarde forte
75 ml (5 c. à soupe) d'eau chaude
5 ml (1 c. à thé) d'huile d'olive
2 filets d'anchois en conserve, égouttés et rincés

Dans une casserole à fond épais mettre la citrouille, le fenouil, le romarin et le bouillon de poulet, porter à ébullition, couvrir et faire cuire à feu moyen de 10 à 12 minutes. Découvrir, baisser le feu et poursuivre la cuisson à petit frémissement 10 minutes environ, ou jusqu'à ce que les légumes soient tendres. S'ils ont tendance à coller, ajouter un peu d'eau.

Pour préparer la salsa verde, réduire au mélangeur tous les ingrédients en une sauce verte de texture grossière.

Poivrer les filets et les faire saisir dans une poêle en fonte à fond cannelé préchauffée ou sur le barbecue ; lorsqu'une croûte s'est formée, les retourner. Faire cuire de 3 à 4 minutes environ de chaque côté pour un filet saignant, de 4 à 5 minutes pour un filet rosé et de 7 à 8 minutes pour un filet à point.

Répartir les quartiers de citrouille et de fenouil entre 4 assiettes. Déposer un filet dessus, napper d'un peu de salsa verde. Garnir de feuilles de basilic et servir immédiatement.

Par portion : 261 kcal, 11 g de gras, 4 g de gras saturés, 0,39 g de sodium

5 Desserts

Délice aux bananes et kumquats

Un dessert simple rempli de saveurs, mais sans matières grasses. Les invités sont toujours intrigués lorsque le dessert arrive sur la table mystérieusement enveloppé dans du papier d'aluminium et ne peuvent s'empêcher de manifester leur surprise lorsqu'ils ouvrent les papillotes et que les arômes s'en échappent. **Donne 4 portions**

- 45 ml (3 c. à soupe) de confiture d'abricot
- 30 ml (2 c. à soupe) de cassonade
- 100 ml (⅓ de tasse) de rhum brun
- Le jus et le zeste de 1 orange
- 1 gousse de vanille
- 4 bananes
- 75 g (3 oz) de kumquats
- Fromage quark ou fromage frais pauvre en gras, pour servir

Préchauffer le four à 200 °C / 400 °F / 6 au four à gaz.

Dans une casserole, mélanger 100 ml (⅓ de tasse) d'eau avec la confiture d'abricot, la cassonade, le rhum, le jus et le zeste d'orange et porter à ébullition.

Avec un petit couteau, fendre la gousse de vanille et en racler les graines dans la casserole.

Peler les bananes en les gardant entières. Couper les kumquats en deux.

Prendre 4 feuilles de papier d'aluminium d'environ 25 sur 15 cm (10 sur 6 po) chacune et les plier en forme de bateau profond.

Déposer une banane et quelques kumquats dans chaque papillote et arroser de sauce aux abricots. Replier les bords de chaque papillote pour la sceller à l'horizontale. Déposer sur une grande plaque de cuisson et faire cuire au four pendant 20 minutes.

Servir et laisser les invités ouvrir eux-mêmes les papillotes. Garnir d'une bonne cuillerée de fromage frais ou de fromage quark pauvre en gras.

Par portion : 222 kcal, 0 g de gras, 0 g de gras saturés, 0,01 g de sodium

Couscous au chocolat garni de brochettes de fruits grillés

Vous serez peut-être surpris de voir que la base de ces brochettes de fruits grillés consiste en un couscous sucré, mais vous découvrirez que le chocolat convient tout à fait et donne une variante intéressante. **Donne 4 portions**

- 2 oranges
- 2 bananes
- 1 poire mûre
- 4 pruneaux dénoyautés, ayant trempé, coupés en deux
- 60 ml (¼ de tasse) de sucre
- 30 ml (2 c. à soupe) de rhum (facultatif)

Pour le couscous :

- 200 ml (7 oz liq.) de lait écrémé
- 5 ml (1 c. à thé) de cannelle moulue
- 40 g (2 oz) de sucre
- 7 ml (½ c. à soupe) de cacao en poudre
- 100 g (¼ de lb) de couscous
- 100 ml (⅓ de tasse) de rhum (facultatif)

Pour le couscous, faire chauffer le lait, la cannelle et le sucre dans une petite casserole, ajouter le cacao, bien mélanger et porter à ébullition. Verser sur le couscous, bien mélanger, couvrir et laisser reposer de 5 à 8 minutes. Aérer à la fourchette, couvrir et laisser reposer 5 minutes. Remuer une fois, ajouter le rhum (facultatif) et réfrigérer.

Faire tremper quatre brochettes de bambou dans de l'eau froide 30 minutes environ.

Préchauffer le four à 230 °C / 450 °F / 8 au four à gaz.

Peler les oranges, les bananes et la poire. Couper chaque banane en 8 rondelles épaisses ; couper les oranges en quartiers. Couper la poire en deux, l'évider, puis la détailler en quartiers.

Embrocher les fruits en terminant par un demi-pruneau à chaque extrémité. Déposer dans un plat peu profond allant au four.

Dans une casserole, faire bouillir 5 minutes le sucre avec 60 ml (¼ de tasse) d'eau pour faire un sirop. Verser sur les brochettes ; en garder pour les badigeonner et arroser de rhum (facultatif). Faire cuire au four 5 minutes ; badigeonner de sirop de temps à autre.

Servir le couscous froid garni de brochettes de fruits et nappé du reste de sirop ; accompagner d'un sorbet aux fruits ou d'une glace à la vanille si désiré.

Par portion : 304 kcal, 1 g de gras, 0 g de gras saturés, 0,05 g de sodium

Gratin au chocolat et à la banane

Voici un plat dont la saveur me rappelle mon enfance lorsque je mangeais des bananes royales. Je ne connais rien de plus délicieux que des bananes au four avec du chocolat ! Ce gratin repose sur ce principe et est très simple à préparer. **Donne 4 portions**

- 3 gros jaunes d'œufs
- 100 ml (⅓ de tasse) de lait écrémé condensé
- 100 ml (⅓ de tasse) de lait écrémé
- 45 ml (3 c. à soupe) de lait fouetté à saveur de chocolat
- 1 grosse banane
- 20 ml (4 c. à thé) de sucre

Préchauffer le four à 150 °C / 300 °F / 2 au four à gaz.
Fouetter en un mélange crémeux les jaunes d'œufs avec le lait écrémé condensé, le lait écrémé et le lait fouetté. Filtrer dans une passoire fine au-dessus d'un bol.
Répartir le mélange entre 4 ramequins. Déposer les ramequins dans un plat allant au four, puis remplir le plat d'eau chaude jusqu'à mi-hauteur des ramequins.
Faire cuire au four de 45 à 50 minutes, sortir du four et laisser refroidir. Si vous le désirez, vous pouvez conserver les ramequins au réfrigérateur jusqu'au moment opportun.
Pour servir, peler la banane et la détailler en tranches épaisses. Disposer les tranches dans les ramequins refroidis en les faisant se chevaucher.
Saupoudrer de sucre et faire dorer et caraméliser sous le gril du four préchauffé ou avec un chalumeau de cuisine.
Laisser légèrement refroidir avant de servir.

Par portion : 228 kcal, 5 g de gras, 1 g de gras saturés, 0,06 g de sodium

Fraises à la Romanoff

Un merveilleux dessert d'été lorsque les fraises regorgent de saveurs. Il existe plusieurs versions de cette recette, dont l'une avec une liqueur. **Donne 4 portions**

- 1 boîte de 150 g (6 oz) de poudre pour gelée à la fraise
- 250 g (½ lb) de fraises, en morceaux
- 150 g (5 oz) de poudre de lait écrémé
- 60 ml (¼ de tasse) de crème légère
- 30 ml (2 c. à soupe) de menthe grossièrement hachée, plus quelques feuilles pour garnir

Pour les biscuits :

- 60 g (2 oz) de margarine molle pauvre en gras
- 100 g (¼ de lb) de sucre
- 2 blancs d'œufs
- 90 ml (⅓ de tasse) de farine, tamisée
- Huile et eau en vaporisateur (voir page 33)

Préparer la gelée selon les directives sur l'emballage. Laisser tiédir.
Au mélangeur, réduire en purée 75 g (3 oz) de fraises ; réserver.
Incorporer le lait en poudre à la gelée tiède et, avec un mélangeur à main, fouetter jusqu'à ce que le mélange soit aéré. Remplir aux trois quarts 4 verres à eau, puis faire prendre au réfrigérateur.
Mélanger le reste des fraises avec la crème et la menthe.
Préchauffer le four à 190 °C / 375 °F / 5 au four à gaz.
Pour préparer les biscuits, battre la margarine molle, le sucre et les blancs d'œufs au mélangeur électrique jusqu'à ce que le mélange soit de couleur pâle. Incorporer la farine.
Graisser un plat de cuisson d'un peu d'huile et d'eau en vaporisateur. Déposer le mélange dans un sac à pâtisserie et, avec un embout de 1 cm (½ po) déposer des doigts de 8 cm (3 po) de long dans le plat huilé. Faire cuire au four de 5 à 6 minutes, jusqu'à ce que les bords soient dorés et les biscuits, cuits. Laisser refroidir avant de servir.
Pour servir, sortir les verres du réfrigérateur, garnir de crème et de fraises, napper de purée à la fraise et accompagner de biscuits et de feuilles de menthe entières.

Par portion : 504 kcal, 9 g de gras, 3 g de gras saturés, 0,39 g de sodium

Poires au porto et au sirop de canneberges (airelles) *Les couleurs de ce dessert sont surprenantes : des poires rouge écarlate dans un sirop contrastant. Un dessert qui à coup sûr impressionnera, idéal en automne et en hiver, lorsque les poires sont les meilleures.* Donne 4 portions

4 grosses poires mûres mais fermes (William, Comice)
300 ml (1 ¼ tasse) de jus de canneberges (airelles)
100 ml (⅓ de tasse) de porto
100 g (¼ de lb) de sucre
Le zeste de 1 orange
½ bâton de cannelle
200 g (7 oz) de canneberges (airelles) fraîches ou surgelées
Brins de menthe, pour garnir
Sorbet au babeurre et au citron (voir page 154), pour servir

Avec un couteau économe, peler les poires en conservant les queues et la forme du fruit et trancher légèrement la base pour qu'elles tiennent debout pendant le pochage.
Dans une casserole pouvant contenir les 4 poires debout côte à côte, mettre le jus de canneberges, le porto, le sucre, le zeste d'orange et la cannelle et porter à ébullition, en remuant, jusqu'à ce que le sucre soit dissous. Ajouter les poires, couvrir et laisser mijoter de 20 à 25 minutes, jusqu'à ce qu'elles soient tendres lorsqu'on les perce avec un couteau, mais gardent encore leur forme.
Avec une cuillère à égoutter, retirer les poires du sirop et les laisser refroidir. Ajouter les canneberges au sirop et faire bouillir rapidement jusqu'à ce que le sirop réduise aux deux tiers. Laisser refroidir, verser le sirop et les canneberges sur les poires et bien faire refroidir au réfrigérateur pendant au moins 4 heures.
Garnir de menthe et servir avec du sorbet au babeurre et au citron ou du yogourt à la vanille pauvre en gras.

Par portion : 233 kcal, 0 g de gras, 0 g de gras saturés, 0,02 g de sodium

Nectarines (brugnons) au marsala, au café et à la crème *Pour moi, le café et le marsala sont deux saveurs qui se marient naturellement pour donner un parfum doux-amer. Voici un dessert élégant et sophistiqué, parfait pour un dîner fin.* Donne 4 portions

8 nectarines (brugnons) mûres mais fermes
100 g (¼ de lb) de sucre
15 ml (1 c. à soupe) d'essence de café
1 gousse de vanille, fendue en deux
1 bâton de cannelle
65 ml (¼ de tasse) de marsala
100 ml (⅓ de tasse) de crème légère, pour servir

Préchauffer le four à 180 °C / 350 °F / 4 au four à gaz.
Faire blanchir les nectarines dans de l'eau bouillante 1 minute, les passer rapidement sous l'eau froide et les peler.
Couper les nectarines en deux, les dénoyauter et les déposer dans un plat de cuisson.
Faire bouillir 300 ml (1 ¼ tasse) d'eau avec le sucre et faire cuire 10 minutes pour obtenir un sirop léger. Ajouter l'essence de café, la vanille, la cannelle et le marsala. Verser sur les nectarines et faire cuire au four, à découvert, 25 minutes, ou jusqu'à ce qu'elles soient cuites, en les arrosant régulièrement.
Retirer le bâton de cannelle et la vanille du sirop.
Avec une cuillère à égoutter, retirer les fruits de la casserole et laisser refroidir. Verser le sirop qui reste dans une casserole et le faire réduire du tiers à feu vif. Verser sur les nectarines et laisser refroidir complètement. Conserver au réfrigérateur, dans le sirop, pendant toute la nuit et servir avec de la crème.

Par portion : 255 kcal, 4 g de gras, 2 g de gras saturés, 0,04 g de sodium

Baklavas aux pommes et aux cerises, sirop à la cannelle *Une spécialité de la Grèce et du Moyen-Orient. En voici une variante aux pommes et aux cerises.* Donne 4 portions

2 pommes Granny Smith
50 g (2 oz) de raisins secs
30 g (1 oz) de sucre
150 g (5 oz) de cerises, dénoyautées
50 g (2 oz) de noix de Grenoble, hachés
50 g (2 oz) d'amandes, hachées
5 ml (1 c. à thé) de cannelle moulue
½ ml (⅛ de c. à thé) de clous de girofle moulus
75 g (3 oz) de panure de brioche (ou de pain)
3 feuilles de pâte filo
2 blancs d'œufs, battus légèrement
Fromage frais pauvre en gras ou crème légère, pour servir

Pour le sirop :
100 g (¼ de lb) de sucre
Le zeste et le jus de ½ citron
25 ml (5 c. à thé) de miel
2 ml (½ c. à thé) de cannelle moulue

Préchauffer le four à 200 °C / 400 °F / 6 au four à gaz.
Peler les pommes, les évider, les couper en gros morceaux et les mettre dans une casserole avec les raisins secs, le sucre et 60 ml (¼ de tasse) d'eau. Couvrir et faire cuire à feu moyen de 8 à 10 minutes, ou jusqu'à ce qu'il ne reste plus de liquide.
Faire refroidir les pommes dans un bol. Ajouter les cerises, les noix, les amandes, les épices et la panure et bien mélanger.
Superposer les feuilles de pâte filo en badigeonnant chacune de blanc d'œuf. Détailler pour obtenir 4 carrés. Répartir le mélange aux pommes entre les quatre carrés de pâte, puis remonter les bords pour former une aumônière et pincer le haut pour sceller.
Badigeonner chacune des pâtisseries de blanc d'œuf, puis les déposer sur une plaque de cuisson et faire cuire au four de 12 à 15 minutes, ou jusqu'à ce qu'elles soient dorées.
Entre-temps, faire chauffer à feu doux le sucre et 100 ml (⅓ de tasse) d'eau, en remuant sans cesse jusqu'à ce que le sucre soit dissous. Ajouter le zeste et le jus de citron, le miel et la cannelle et faire bouillir de 6 à 8 minutes. Retirer du feu et laisser refroidir.
Napper les baklavas de sirop et servir avec le fromage ou la crème.

Par portion : 554 kcal, 17 g de gras, 2 g de gras saturés, 0,39 g de sodium

Pouding au pain et aux biscuits au gingembre *Depuis le jour où j'ai travaillé au Dorchester Hotel de Londres, j'ai apprécié le pouding au pain et au beurre que nous préparions avec amour. J'en ai créé bien des variantes au fil des ans ; en voici une nouvelle.* Donne 4 portions

30 ml (2 c. à soupe) de sirop d'érable
10 tranches de pain blanc, écroûtées
100 g (¼ de lb) de figues séchées
100 g (¼ de lb) d'abricots séchés
75 g (3 oz) de biscuits au gingembre, écrasés
50 g (2 oz) d'amandes effilées, grillées
750 ml (3 tasses) de lait écrémé
2 gros œufs
40 g (2 oz) de sucre
1 gousse de vanille, fendue, les graines retirées
65 ml (¼ de tasse) d'amaretto (liqueur d'amande ; facultatif)
65 ml (¼ de tasse) de confiture d'abricots pauvre en sucre, chaude
Sucre glace pour saupoudrer

Préchauffer le four à 150 °C / 300 °F / 2 au four à gaz.
Badigeonner les tranches de pain de sirop d'érable, puis les détailler en gros cubes et les mettre dans un bol avec les fruits secs, les biscuits au gingembre et les amandes grillées. Répartir uniformément ce mélange au fond d'un moule allant au four d'une capacité de 1,2 litre (5 tasses).
Dans un bol, fouetter le lait, les œufs, le sucre, la vanille et l'amaretto (facultatif). Verser dans le moule en s'assurant que le pain est complètement recouvert.
Dans le four, faire chauffer une grande rôtissoire contenant de l'eau jusqu'à mi-hauteur du moule.
Déposer le moule dans la rôtissoire et faire cuire au four de 45 à 50 minutes, ou jusqu'à ce que le mélange soit légèrement doré et pris. Sortir du four et laisser un peu refroidir, puis badigeonner de confiture d'abricots chaude. Saupoudrer de sucre glace et servir chaud.

Par portion : 619 kcal, 16 g de gras, 3 g de gras saturés, 0,72 g de sodium

Chérimisu

Le nom de ce dessert est un jeu de mots sur le tiramisu, le dessert italien classique, que je fais sans mascarpone. Cette variante deviendra vite la préférée de la famille. Si vous n'avez pas de gélatine en feuilles, un sachet de gélatine en poudre de 25 g (1 oz) équivaut à 4 feuilles de gélatine. **Donne 4 portions**

- 65 ml (¼ de tasse) de kalhua (liqueur de café)
- 45 ml (3 c. à soupe) de marasquin (liqueur de cerise)
- 50 g (2 oz) de cassonade
- 50 g (2 oz) de sucre
- 3 feuilles de gélatine
- 450 ml (2 tasses) de fromage à la crème pauvre en gras ou de fromage quark
- Le zeste de ½ orange
- Le zeste de ½ citron
- 12 biscuits boudoir (ou langues-de-chat)
- 65 ml (¼ de tasse) d'essence de café diluée dans 90 ml (⅓ de tasse) d'eau bouillante
- 400 g (14 oz) de cerises en conserve dans le sirop, bien égouttées
- 10 ml (2 c. à thé) de cacao en poudre, pour saupoudrer

Faire chauffer les liqueurs dans une casserole avec la cassonade et le sucre. Ajouter les feuilles de gélatine et bien mélanger pour qu'elles se dissolvent. Laisser refroidir.

Dans un bol, mélanger le fromage avec les zestes d'orange et de citron et incorporer au mélange aux liqueurs.

Faire tremper de 3 à 4 minutes les biscuits dans l'essence de café diluée, puis les disposer en une couche dans le plat de service. Couvrir d'une couche de préparation au fromage. Parsemer de quelques cerises égouttées et recommencer les couches jusqu'à ce qu'il ne reste plus d'ingrédients.

Saupoudrer de cacao en poudre et faire refroidir pendant au moins 4 heures avant de servir.

Par portion : 387 kcal, 2 g de gras, 1 g de gras saturés, 0,12 g de sodium

Ananas et fraises caramélisés dans un sirop à l'anis et au safran

Lorsqu'un ingrédient me plaît particulièrement, j'essaie de l'intégrer à diverses recettes. L'anis étoilé est l'un de mes préférés et je l'utilise à présent aussi bien dans les desserts que dans les sauces et les sorbets. **Donne 4 portions**

- 65 ml (¼ de tasse) de vin blanc sec
- 100 g (¼ de lb) de sucre
- 1 morceau de zeste d'orange de 5 cm (2 po)
- 3 étoiles d'anis
- 1 gousse de vanille
- 1 pincée de safran
- 30 ml (2 c. à soupe) de Pernod (ou une autre liqueur à l'anis)
- 4 tranches d'ananas
- 200 g (7 oz) de fraises, coupées en deux
- Glace à la vanille pauvre en gras, pour servir

Mettre 100 ml (⅓ de tasse) d'eau dans une casserole avec le vin et 65 g (3 oz) de sucre et porter lentement à ébullition pour dissoudre le sucre.

Ajouter le zeste d'orange, l'anis étoilé, la gousse de vanille et le safran et laisser mijoter à feu doux de 15 à 20 minutes, ou jusqu'à ce que le sirop ait légèrement épaissi, puis passer au chinois.

Dans une casserole antiadhésive, faire chauffer le reste de sucre et le Pernod jusqu'à ce que le mélange caramélise légèrement. Ajouter l'ananas et les fraises et les faire caraméliser dans le sucre. **Arroser** du sirop et faire cuire 2 minutes.

Servir chaud avec de la glace à la vanille.

Par portion : 173 kcal, 0 g de gras, 0 g de gras saturés, 0,01 g de sodium

Croustillant aux fruits foncés *Voici une variante du légendaire croustillant aux pommes que j'ai concocté en gardant en tête l'idée d'une alimentation pauvre en gras.*

Donne 4 portions

50 g (2 oz) de sucre
150 g (5 oz) de prunes mûres et fermes, en moitiés
200 g (7 oz) de figues noires, en quartiers
125 g (¼ de lb) de mûres
150 g (5 oz) de bleuets (myrtilles)

Pour la garniture :

75 g (3 oz) de farine
15 ml (1 c. à soupe) de cacao en poudre
2 ml (½ c. à thé) de cannelle moulue
25 g (1 oz) de cassonade
50 g (2 oz) de margarine molle pauvre en gras
75 g (3 oz) de biscuits amaretti, écrasés finement

Préchauffer le four à 200 °C / 400 °F / 6 au four à gaz.

Pour préparer la garniture, mettre la farine, le cacao en poudre, la cannelle et la margarine molle dans un bol. Bien mélanger, puis incorporer les biscuits.

Dans une casserole, faire chauffer le sucre et 100 ml (⅓ de tasse) d'eau jusqu'à l'obtention d'un sirop léger. Y faire pocher les prunes 5 minutes, puis retirer du feu et ajouter les autres fruits.

Mettre les fruits dans un plat allant au four d'une capacité de 600 ml (2 ½ tasses). Couvrir de la garniture et faire cuire au four de 15 à 20 minutes jusqu'à ce que la surface soit dorée et croustillante.

Servir avec du fromage frais pauvre en gras ou une crème pauvre en gras, si désiré.

Par portion : 325 kcal, 8 g de gras, 2 g de gras saturés, 0,22 g de sodium

Gâteau au fromage au beurre d'arachide *Pour ce gâteau au fromage, le biscuit forme une garniture sur le dessus plutôt qu'une base. Si vous ne pouvez pas trouver de feuilles de gélatine, voir la note dans l'introduction du Chérimisu à la page 150.* Donne 8 portions

150 g (5 oz) de beurre d'arachide crémeux
350 g (¾ de lb) de fromage à la crème pauvre en gras ou de fromage quark
Le zeste de 1 orange
45 ml (3 c. à soupe) de rhum
50 g (2 oz) de sucre
100 ml (⅓ de tasse) de lait semi-écrémé
4 feuilles de gélatine, ramollies dans de l'eau froide, puis égouttées
2 blancs d'œufs
1 croûte à tarte sucrée de 20 cm (8 po) de diamètre

Pour la garniture :

50 g (2 oz) de biscuits pour le thé
30 ml (2 c. à soupe) de miel

Au mélangeur, réduire en une purée lisse le beurre d'arachide, le fromage, le zeste d'orange, le rhum et le sucre, puis verser dans un bol. Faire chauffer le lait, puis ajouter la gélatine ramollie. Laisser refroidir puis incorporer au mélange au fromage.

Battre les blancs d'œufs en pics fermes et les incorporer délicatement au mélange. Verser dans la croûte à tarte et lisser la surface. Réfrigérer toute la nuit.

Préchauffer le four à 180 °C / 350 °F / 4 au four à gaz.

Pour préparer la garniture, écraser grossièrement les biscuits et les mélanger avec le miel. Verser sur une plaque de cuisson et faire cuire au four de 15 à 20 minutes, ou jusqu'à ce que le mélange soit légèrement caramélisé. Laisser refroidir, puis réduire en une fine chapelure au mélangeur.

Répartir la chapelure sur le gâteau au fromage et servir avec une glace pauvre en gras.

Par portion : 353 kcal, 19 g de gras, 5 g de gras saturés, 0,26 g de sodium

Sorbets pauvres en gras

Voici quelques-uns de mes sorbets préférés, à base d'ingrédients simples. Ils sont facile à préparer, mais il est préférable d'utiliser une sorbetière. Il en existe à faible coût et l'investissement en vaut la peine. **Donne 4 portions**

Sorbet aux framboises et à la vodka

375 g (¾ de lb) de framboises fraîches ou surgelées, décongelées si elles sont surgelées
65 ml (¼ de tasse) de vodka
375 g (¾ de lb) de sucre

Au mélangeur, réduire en une purée lisse les framboises et la vodka, puis passer dans une passoire fine.
Mettre le sucre et 370 ml (1 ¾ tasse) d'eau dans une casserole, porter doucement à ébullition, puis baisser le feu et laisser mijoter 10 minutes ou jusqu'à ce que le mélange se transforme en un sirop épais. Laisser refroidir, ajouter les framboises et la vodka et bien mélanger. Verser dans une sorbetière et faire congeler selon les directives du fabricant.

Par portion : 429 kcal, 0 g de gras, 0 g de gras saturés, 0,01 g de sodium

Sorbet au babeurre et au citron

250 g (½ lb) de sucre
500 ml (2 tasses) de babeurre
Le jus et le zeste de 1 citron
15 ml (1 c. à soupe) de miel

Mettre le sucre et 250 ml (1 tasse) d'eau dans une casserole. Porter doucement à ébullition, puis retirer du feu. Verser dans un bol et réfrigérer 1 heure.
Dans un bol, fouetter ensemble le babeurre, le jus et le zeste de citron et le miel. Incorporer lentement le sirop. Verser dans une sorbetière et faire congeler selon les directives du fabricant.

Par portion : 304 kcal, 1 g de gras, 0 g de gras saturés, 0,08 g de sodium

Sorbet aux fruits de la passion et à la lime

375 g (¾ de lb) de sucre
Le jus de 2 limes
375 g (¾ de lb) de pulpe et de graines de fruits de la passion frais

Mettre le sucre et 370 ml (1 ½ tasse) d'eau dans une casserole, porter lentement à ébullition, puis baisser le feu et laisser mijoter 10 minutes ou jusqu'à ce que le mélange se transforme en un sirop épais.
Laisser refroidir, ajouter le jus de lime et les fruits de la passion et bien mélanger. Verser dans une sorbetière et faire congeler selon les directives du fabricant.

Par portion : 404 kcal, 0 g de gras, 0 g de gras saturés, 0,02 g de sodium

Sorbet à la ricotta

250 g (½ lb) de sucre
600 g (1 ¼ lb) de ricotta
30 ml (2 c. à soupe) de miel

Mettre le sucre et 250 ml (1 tasse) d'eau dans une casserole. Porter doucement à ébullition, puis retirer du feu. Verser dans un bol et réfrigérer 1 heure.
Mettre la ricotta et le miel dans le bol du mélangeur et incorporer doucement le sirop refroidi. Verser dans une sorbetière et faire congeler selon les directives du fabricant.

Par portion : 502 kcal, 18 g de gras, 11 g de gras saturés, 0,17 g de sodium

Pouding étagé d'été *Un vrai délice à déguster en tout temps. La femme d'un de mes amis m'a donné l'idée d'utiliser de la poudre pour gelée de fruit plutôt que de la gélatine. Ce dessert est simple et facile à préparer et est étagé plutôt que moulé.* Donne 8 portions

750 g (1 ½ lb) de petits fruits d'été mélangés (p. ex. cassis, groseilles, fraises, framboises)
100 g (¼ de lb) de sucre
30 ml (2 c. à soupe) de liqueur de cassis (facultatif)
1 paquet de gelée à la framboise ou fraise
½ pain blanc tranché, écroûté

Équeuter les petits fruits. Couper le haut des fraises, puis les couper en deux.

Mettre tous les fruits, sauf les framboises, dans une casserole avec le sucre et ajouter 350 ml (1 ⅓ tasse) d'eau et la liqueur de cassis (facultatif). Faire mijoter doucement 5 minutes, ajouter les framboises et poursuivre la cuisson 2 minutes.

Retirer du feu, égoutter les fruits et réserver. Porter de nouveau le liquide à ébullition. Incorporer la gelée et retirer du feu. Mélanger jusqu'à ce que la gelée soit toute diluée. Laisser refroidir puis réfrigérer 10 minutes ou jusqu'à ce qu'elle commence à épaissir mais pas à prendre. Sortir la gelée du réfrigérateur et incorporer les petits fruits.

Couper les tranches de pain en deux et en tapisser le fond d'un petit plat à gratin en les faisant se chevaucher légèrement. Étaler un peu de mélange aux fruits sur le pain et niveler la surface. Couvrir d'une autre couche de pain puis de petits fruits et terminer par une couche de pain.

Presser sur le pain pour s'assurer qu'il est bien imbibé de jus, couvrir de papier d'aluminium et réfrigérer au moins 4 heures.

Pour servir, couper en portions et servir avec de la crème ou de la glace pauvre en gras.

Par portion : 161 kcal, 0 g de gras, 0 g de gras saturés, 0,11 g de sodium

Index

Adresses utiles

Canada:
Fondation des maladies du cœur du Canada
222 Queen Street, Suite 1402
Ottawa, Ontario
Canada K1P 5V9
Téléphone: 613 569-4361
Télécopieur: 613 569-3278
Web: ww2.fmcoeur.ca

Fondation des maladies du cœur du Québec
1434, rue Sainte-Catherine Ouest, bureau 500
Montréal, Québec
Canada H3G 1R4
Téléphone: 514 871-1551 ou 1 800 567-8563
Télécopieur: 514 871-9385
Web: www.fmcoeur.qc.ca/

Fondation des maladies du cœur du Nouveau-Brunswick
133, rue Prince William, bureau 606
Saint John, Nouveau-Brunswick
Canada E2L 2B5
Téléphone: 506 634-1620 ou 1 800 663-3600
Télécopieur: 506 648-0098

Fondation des maladies du cœur de l'Ontario
2300, rue Yonge, Suite 1300
Toronto, Ontario
Canada M4P 1E4
Téléphone: 416 489-7111
Télécopieur: 416 489-6885

France:
Fédération Française de cardiologie
5, Rue des Colonnes du Trône
75012 Paris, France
Téléphone: 01 44 90 83 83
Web: www.fedecardio.com

Société Française de cardiologie
5 rue des Colonnes du Trône
75012 Paris, France
Téléphone: 01 43 22 33 33
Télécopieur: 01 43 22 63 61
Web: www.sfcardio.org

Suisse:
Fondation Suisse de Cardiologie
Schwarztorstrasse 18, CP 368
3000 Berne 14, Suisse
Téléphone: 031 388 80 80
Télécopieur: 031 388 80 88
Web: www.swissheart.ch

Belgique:
Ligue Cardiologique Belge
Rue des Champs Elysées 43 Elyzeese-Veldenstraat
1050 Brussel
Téléphone: 32 2 649 85 37
Télécopieur: 32 2 649 28 28
Courriel: info@liguecardioliga.be
Web: www.liguecardiologique.be/

Catalogage avant publication de Bibliothèque et Archives nationales du Québec et Bibliothèque et Archives Canada

Gayler, Paul
Les meilleures recettes pour votre cœur
2e éd.
Traduction de: Healthy eating for your heart.
Comprend un index.
ISBN 978-2-89455-273-5
1. Cœur - Maladies - Diétothérapie - Recettes. 2. Cœur - Maladies - Prévention. I. Lynas, Jacqui. II. Titre.
RC684.D5G3914 2008 641.5'6311 C2008-940056-9

Nous reconnaissons l'aide financière du gouvernement du Canada par l'entremise du Programme d'Aide au Développement de l'Industrie de l'Édition (PADIÉ) ainsi que celle de la SODEC pour nos activités d'édition.

Gouvernement du Québec — Programme de crédit d'impôt pour l'édition de livres — Gestion SODEC

Édition: Muna Reyal
Conception graphique: Carl Hodson
Photographie: Peter Cassidy
Accessoires: Linda Tubby
Stylisme: Penny Markham
Révision: Anne Newman
Analyse des recettes: Dr Wendy Doyle
Gestion de projet: Sha Huxtable
Publié originalement en Grande-Bretagne par Kyle Cathie Limited, 122 Arlingon Road, Londres, Angleterre NW1 7HP

Déjà publié en langue française sous le titre *Gastronomie santé pour votre cœur*
Traduction: Dominique Chauveau
Révision: Jeanne Lacroix
Infographie: Christiane Séguin

Dépôt légal — Bibliothèque et Archives nationales du Québec, Bibliothèque et Archives Canada, 2008
ISBN 978-2-89455-273-5

Distribution et diffusion
Amérique: Prologue
France: Volumen
Belgique: La Caravelle S.A.
Suisse: Transat S.A.

Guy Saint-Jean Éditeur inc., 3154, boul. Industriel, Laval (Québec) Canada. H7L 4P7.
Tél.: 450 663-1777 • Courriel: info@saint-jeanediteur.com • Web: www.saint-jeanediteur.com

Guy Saint-Jean Éditeur France, 48 rue des Ponts, 78290 Croissy-sur-Seine, France.
Tél.: 1 39 76 99 43 • Courriel: gsj.editeur@free.fr

Imprimé à Singapour